상처받지 않고
나답게 사는
인생수업

상처받지 않고 나답게 사는 인생수업

초판 1쇄 발행 2018년 7월 20일

지은이 김달국
발행인 송현옥
편집인 옥기종
펴낸곳 도서출판 더블:엔
출판등록 2011년 3월 16일 제2011-000014호

주소 서울시 강서구 마곡서1로 132, 301-901
전화 070_4306_9802
팩스 0505_137_7474
이메일 double_en@naver.com

표지종이 앙상블 e클래스 엑스트라화이트 210g
본문종이 그린라이트 80g

ISBN 978-89-98294-42-7 (03320)

상처받지 않고
나답게 사는
인생수업

나를 지키면서 세상과 친해지는
유쾌한 인간관계 포인트 68

김난국 지음

더블:엔

모든 문제는 사람에게서 나온다
해답도 사람에게 있다

우리는 살아가며 평생 동안 타인과의 관계로부터 벗어날 수 없다. 인간과 인간 사이의 관계를 잘 맺어나가는 능력을 말하는 '인간관계 능력'은 삶의 기본적인 내용이자, 성공으로 가는 데 있어서 핵심적인 자질이다.

카네기멜론대학에서 세상살이에 실패한 1만 명을 대상으로 그 이유를 알아본 결과, 전문지식이나 기술이 부족하여 실패한 사람은 15%에 불과한 데 비하여 인간관계에 잘못이 있었던 사람은 85%나 되었다고 한다. 인간관계가 이렇게 중요한데도 우리는 더불어 살아가야 할 사람들의 속성을 공부하는 것보다 수영이나 골프를 배우는 데 더 많은 관심을 쏟고 시간을 들인다.

이 세상에 일어나는 대부분의 문제는 인간관계에서 생겨난다. 가장 가까운 사람에게서 상처를 받고, 믿었던 사람에게 배신을 당하는 등 우리의 일상생활은 온갖 문제들로 가득하다. 궁극적으로 '사람'의 문제를 해결하지 않고는 사업에 성공하기 어렵고 행복할 수도 없다. 인간의 복잡성은 평생을 지켜봐도 완전하게 이해하기 어렵다. 따라서 한시라도 빨리 배우는 것이 중요하다.

학교에서 배운 대로라면 착하고 정직하고 성실하게 사는 사람은 성공하고 행복해야 하는데 실상은 그렇지 않다. 오히려 손해만 보고 바보 취급당하기 십상이다. 인간관계에 관한 대부분의 책들도 이런 범주를 벗어나지 못한다. 왜냐하면 세상은 선과 악이 공존하며, 선한 사람과 악한 사람이 따로 있는 게 아니라 상황에 따라 변하는 것이 사람인데 인간관계에서 선한 측면을 너무 다루기 때문이다. 실상이 그렇다 보니 악에 대해 나 자신을 지키는 것이 너무 어렵다. 우리는 인간관계에 대한 나름의 기준과 목표를 세우고 세상살이에 나서야 한다. 그렇지 않으면 나침반 없이 항해하는 배와 같이 무모하며, 결국 인생이라는 넓은 바다에서 파도에 휩쓸려 난파당하거나 침몰할 가능성이 높다.

이 책은 1, 2부로 나누어 총 8개의 장으로 구성했다. 1부는 삶에서 타인으로부터 상처받지 않고 나를 지키며 안전한 여행이 되기 위해 갖추어야 할 내용들을 담았고, 2부는 나답게 살며 세상과 친해지기 위한 내용을 담았다. 균형 잡힌 삶을 살기 위해서는 이 두 가지를 잘 겸비해야 한다. 그렇지 않으면 '인간적이며 좋은 사람'이라는 소리를 들으면서도 항상 손해만 보거나, 똑똑하기는 한데 너무 이기적이며 인간미가 없는 사람이 된다.

우리를 익사시키는 것은 '물'이 아니다. 다만, 익사하는 '사람'이 수영에 미숙할 뿐이다. 삶은 우리를 괴롭히거나 속이지 않는다. 사람들이 삶을 살아가는 지혜와 기술이 부족할 뿐이다. 더불어 살아가는 세상 속에서 우리가 갖추어야 할 무언가를 갖추지 못하고 살아간다면 자신도 모르는 사이에 세상으로부터 소외되거나 잊혀지게 될 것이다. "작전에 실패한 지휘관은 용서할 수 있어도 경계에 실패한 지휘관은 용서할 수 없다"는 말도 있듯이, 지식에 대한 무지는 용서할 수 있어도 삶에 대한 무지는 용서할 수 없다.

이 책은 10여 년 전에 나와서 선을 권하는 세상에서 악에 대처하는 것이 어려운 많은 사람들에게 나침반 역할을 해준《유쾌한 인간관계》의 개정판이다. 시대가 바뀌어도 변하지 않는 인간의 본성은 살리고, 시간이 지나면서 빛이 바랜 곳은 새롭게 하였다.

하루하루가 다르게 변화하고 있는 세상에서 다양한 사람들과의 관계에 대한 문제로부터 나를 지키고, 나아가 타인과 더불어 나의 길을 성공적으로 가는 데 있어, 이 한 권의 책이 조금이라도 도움이 되길 바란다.

2018년 7월
김 달 국

PART 01
상처받지 않고 나를 지키기

PART 02
나답게 살며 세상과 친해지기

PART
01

상처받지
않고
나를
지키기

자존감을
키워주는
마음의 근육

건강한 자아를 위해서는 자존심과 자존감의 균형이 필요하다. 자존심은 타인이 나를 어떻게 생각하느냐에 따라서 나타나는 마음인데 비해, 자존감은 스스로 나의 가치와 능력에 대해 느끼는 마음이다. 자존감이 낮은 사람은 상처를 받거나 무시당하면 쉽게 흔들리지만 자존감이 높은 사람은 남의 시선이나 의견에 쉽게 흔들리지 않는다.
자존심은 뱃살처럼 자연발생적으로 생기는 것이지만 자존감은 복근처럼 나를 갈고 닦아야 생긴다. 둘 다 나를 지키는데 필요한 것이지만 사람들은 자존감보다는 자존심에 더 많이 기대려 한다.
자존감은 세상이 나를 알아주지 않을 때 나를 지킬 수 있는 힘이 되지만, 자존심은 나를 지키기 위해 내세우려다가 나 자신을 더욱 위험하게 만들 수도 있다. 어떻게 하면 자존심을 지키면서 자존감을 높일 수 있을까.

자존심이 강한 사람은 강한 이미지로 보여지기 쉬우나 사실은 굴욕감을 잘 느끼고 상처도 잘 받는다. 그렇기 때문에 오히려 남에게 까칠한 모습을 보여 강한 척할 뿐이다. 반면 자존감이 높은 사람은 쉽게 굴욕감을 느끼지 않고 남들과 충돌 없이 유연하게 상황에 대처해 나간다.

초한지에 등장하는 한신과 항우의 예에서도 잘 나타나 있다.

유방을 도와 천하를 통일했던 한신은 젊은 시절에 가난하여 푸줏간에서 일을 했다. 어느 날 한 건달이 길을 가는 한신에게 시비를 걸어왔다.

"야! 푸줏간 칼을 찬 걸 보니 그럴 듯한데 한판 붙어보자. 자, 덤벼라. 자신이 없으면 내 가랑이 밑을 기어가라."

한신은 분노가 끓어올랐다. 죽든지 살든지 한 칼에 해치워버리고 싶었다. 그러나 한신은 의미 없는 싸움으로 큰일을 이루겠다는 자신의 야망을 망가뜨릴 수는 없었다. 그는 자존심을 내세우지 않고 아무 말 없이 건달의 가랑이 밑을 기었다. 구경꾼들은 모두 한신의 그런 행동을 비웃었다. 무술실력이야 불량배보다 훨씬 뛰어나지만 가치가 없는 싸움을 하지 않기 위해 여러 사람이 지켜보는 가운데 불량배의 가랑이 사이를 지나간 그는 보통사람이 아니었다. 한신에게는 다른 사람들이 어떻게 생각하느냐 보다는 자신의 생각이 중요했던 것이다.

몇 년 후에 한신은 유방을 받들어 큰 공을 세우고 영주가 되어 자신을 가랑이 사이로 기어가게 했던 그 건달을 찾았다.

"지난 날 자네로부터 받은 굴욕이 오늘의 나를 만들어주었네."

그리고 그를 자신의 휘하에서 일을 하게 하였다. 그 건달은 죽을 때까지 한신을 받들었다.

잠시 고개를 숙인다고 해서 자신의 존재가 낮아지는 건 아니라는 것을 알고 잘 참았던 한신은 자존감이 높은 사람이었다.

반면 '사면초가'와 '권토중래'의 고사를 만들었던 항우를 보자. 그는 명문가 출신이었을 뿐만 아니라 70여 회의 전투에서 한 번도 패배를 겪지 않고 승승장구하였다. 그러나 유방에게 딱 한 번 크게 패한 뒤 치욕을 참지 못하고 31세의 나이에 자결을 하고 말았다. 당시 항우는 모두 9개 군(郡)을 관할하였는데 그가 패전을 하고 난 뒤에도 5개 군은 여전히 남아 있었고, 그의 부하가 배를 가지고 있었기 때문에 강을 건너 재기를 노릴 수도 있었다. 그러나 그는 자존심 하나 때문에 모든 것을 버리고 말았다. 당나라 시인이자 병법가인 두목(杜牧)은 '역발산기개세'의 영웅 항우가 만약 자결하지 않고 전력을 재정비하여 다시 돌아왔다면 충분히 재기할 수도 있었을 거라며 아쉬워했다. '권토중래(捲土重來)'란 말도 여기에서 나왔다. 만약 그가 자존심을 버리고 말을 몰아 흙먼지를 일으키며 다시 와서 후일을 도모하였다면 중국의 역사가 바뀌었을지도 모를 일이다.

항우가 최후의 순간까지도 자신의 실패를 인정하지 않고 하늘이 자신을 버렸다고 생각한 것은 자존심만 강했지 자존감이 낮았기 때문이다. 그가 자존감이 높은 사람이었다면 패전의 원인을 다른 데서 찾지 않고 자신에게 찾아 한 번의 치욕을 이기고 다음 기회를 노렸을 것이다.

자존심에 목숨 거는 사람치고 자존감이 높은 사람은 없다. 자존감이 높은 사람은 다른 사람의 평가에 연연하지 않고 자기

의견을 관철시키려고 싸우지도 않는다. 자신이 누구인지 진정으로 알고 있는 사람은 세속의 평가는 단순한 의견에 불과하며 자신에게 어떤 영향도 미치지 않는다는 것도 잘 알고 있다. 가장 중요한 것은 자신의 의견이다.

자존감을 높이기 위해서는 먼저 나 자신을 사랑해야 한다. 그렇게 하기 위해서는 나를 알아야 하고 나만의 소중한 가치를 가지고 있어야 하며, 내가 더 나은 사람이 되고 있다는 믿음이 있어야 한다. 그렇게 쌓은 자존감은 내가 어려움에 처했을 때 비굴하지 않게 해주고 세상과 맞서 싸울 때 나의 행동에 확신을 갖게 해줄 것이다.

유쾌한 인간관계 포인트 1
세워야 할 것은 자존심이 아니라 자존감이다.

인간이란 참 이상하다. 몇 번을 만나도 무덤덤한 사람이 있는
가 하면, 불과 몇 분을 만났어도 자꾸 생각나는 사람이 있다.
왜 그럴까? 그것은 그 사람만의 매력이 있기 때문이다. 그 매력
이란 단순히 외모만을 말하는 것은 아니다. 주위에서 매력이
있다고 생각하는 몇 사람을 떠올려 그들의 매력 포인트를 짚어
보라. 딱 꼬집어 말하기는 어려우나 외모가 잘생겼다거나 말
을 잘한다고 해서 그런 건 아닐 것이다. 인상이 밝다든가, 어려
울 때 도와준다든가, 나에게 관심이 있다든가, 전화를 자주 한
다든가, 칭찬을 잘한다든가 하는 사소하지만 지속적인 행동들
이 그 사람을 매력적으로 만든다. 내가 사람들을 유쾌하게 한
다면, 그건 나의 매력이다. 나에게 매력을 느끼면 사람들은 기
회가 되는 대로 나를 도와주려고 할 것이다.

인맥을 키우기 위해서 나와 인연이 되는 사람을 소중하게 대하는 것도 물론 중요하지만, 먼저 내가 매력적인 사람이 되어야 한다. 나의 인간다운 매력에 사람들이 모여들게 만드는 것이 최선의 인맥 관리다. 향기로운 꽃에 벌이 모이고, 잎이 무성한 나무에 새가 날아들 듯이 내가 멋진 사람이 되면 상대가 먼저 다가올 것이다.

춘추전국시대에 월나라 서시(西施)는 그 나라 최고의 절세미인이었다. 그런데 그녀는 가슴앓이병이 있어 자주 가슴에 손을 대고 미간을 찌푸렸는데 워낙 미인인지라 그 찡그리는 모습마저 아름다웠다. 그래서 그 나라 여자들은 무엇이든 서시의 흉내를 내면 아름답게 보일 거라 생각하고 가슴에 손을 대고 얼굴을 찡그리는 모습까지 흉내 냈다고 한다.

사람들이 유행을 좇는 이유는 대중과 다르게 사는 것이 불안하기 때문이다. 남이 하면 나도 해야 하고, 남이 갖고 있으면 나도 가져야 하는데 그게 안 될 때는 불안한 것이다.

나만의 생각이 없으면 다른 사람들이 하는 것을 따라하고 타인의 생각을 항상 의식하게 된다. 이는 치수가 안 맞는 옷을 입고 있는 것과 같다. 나에게는 나의 노래가 있고, 내 노래를 부를 때 가장 행복하다. 진정한 행복은 나 자신으로 사는 것이고, 진정한 성공이란 나 자신이 되는 것이다.

내가 아닌 다른 사람이 되려다가는 아무 것도 되지 못한다. 잘 살고 싶다면 먼저 무엇이 되려고 하기 보다 나다운 모습으로 사는 게 중요하다. 다른 사람이 되는데 성공했다고 해도 그건 짝퉁 밖에 되지 않는다. 짝퉁은 오래 못 간다.

엇비슷하게 사는 사람들이 많은 세상에서 가장 매력적인 인간이 되는 길은 나답게 사는 것이다. 모든 새들이 다 꾀꼬리 같은 목소리를 낼 수는 없으며, 다 공작과 같은 깃털을 가질 수도 없다. 독수리의 부리는 짧고 굽었으나 학의 부리는 가늘고 길다. 새봄에 피는 벚꽃도 아름답지만 봄꽃이 다투어 필 때 조용히 숨죽였다가 늦가을에 피는 국화꽃도 기품이 있다. 전국 노래자랑에서 심사위원들은 가수 흉내는 잘 내지만 자신만의 특색이 없는 사람을 일등으로 뽑지는 않는다. 다른 사람의 좋은 점을 배워서 내 것으로 만드는 것이 성공의 필수조건이기는 하지만, 자신의 특성을 제쳐놓고 맹목적으로 따라할 필요는 없다.

사람은 저마다 자기 빛깔과 특성을 지니고 있다. 나만의 매력으로 자신있게 살기 위해서는 그 빛깔과 특성을 마음껏 드러내야 한다. 특색이 없는 곳을 여행하고 싶어 하는 사람이 드물듯이 자신만의 특색이 없는 사람을 좋아하는 사람은 없다. 사람은 어떤 경우라도 자기 자신이 되어야 한다.

자신이 아닌 모습으로 살아가려면 정말 많은 에너지가 필요하다. 자신의 꿈을 추구하지 못하고, 다른 사람의 의견에 따라 행동해야 한다면 우리는 행복하지도, 성공하지도 못할 것이다.

다른 사람들이 모두 그 일을 한다고 해도 내가 내키지 않으면 그 일을 하지 않는 게 맞다. 아무도 하지 않는 일이라도 내가 옳다고 생각되면 그 일을 하는 것이다.

주식투자의 귀재이자 전설적인 투자자로 손꼽히는 워런 버핏은 자신만의 확고한 투자기준을 가지고 있다. 인터넷 관련 주식들이 시장을 뜨겁게 달구었어도 그는 자신이 잘 이해할 수 없는 분야라며 투자하지 않았다. 일단 산 주식은 시세에 흔들리지 않고 장기보유하였으며, 아무리 성장성이 큰 기업이라도 CEO의 자질이 의심스러우면 투자하지 않았다. 그 결과 그는 해마다 미국 경제전문지 〈포브스〉가 선정하는 세계부자 순위에 항상 이름을 올렸는데, 2018년에는 3위(재산 840억불, 한화 약 90조원)로 선정되었다.

인간은 자신이 합리적이라고 믿는 것에 대하여 단호해야 한다. 그리고 비합리적인 생각이 자신을 지배하게 해서는 안 된다. 타당한 이유 때문에 다른 사람들과 다르게 사는 것은 현명한 일이다.

무슨 일을 하든지 나만의 생각이 없다면 다른 사람의 생각대로 살아가게 될 것이다. 당신은 자신의 인생을 살며 행복할 것인가, 아니면 남의 인생을 살며 불행할 것인가? 자신만의 철학을 가져야 한다. 그러기 위해서는 자신에 대한 믿음과 사랑이 있어야 한다.

모두가 철학자가 되어야 하는 것은 아니지만, 모두가 자신의 철학은 가지고 있어야 한다. 밤길을 가는 나그네에게 길을 밝혀주는 북극성이나 배의 항로를 알려주는 등대처럼 내 가슴을 밝혀줄, 작지만 소중한 자신의 철학이 있어야 거친 세상을 잘 살아갈 수 있다.

유쾌한 인간관계 포인트 2
모두가 철학자가 되어야 하는 것은 아니지만,
모두가 자신의 철학은 가지고 있어야 한다.

늘 공부하며 사는 삶

"선비가 사흘을 떨어져 다시 대할 때는 눈을 비비고 대한다"는 말이 있다. 여기에서 '괄목상대(刮目相對)'라는 말이 나왔다. 항상 같은 옷을 입고 있는 사람을 보면 지루하듯이 만날 때마다 똑같은 모습을 보여주는 사람은 매력이 없다. 인간은 새로운 것을 끊임없이 배우고 변화하지 않으면 어느 순간 자신의 매력과 가치를 잃어버린다.

산도 오른 만큼 보이고 사람도 아는 만큼 보인다. 모르면 산삼밭을 지나가도 산삼인 줄 모르며, 내가 알아야 남의 머리도 이용할 수 있다.

자연이 아름다운 것은 항상 새롭게 변하고 성장하기 때문이다. 꾸준히 성장하는 나무처럼 사람도 늘 배우고 새로워져야 매력이 넘친다. 우리에게 자연은 거대한 학습장이며, 배우고자 하는 마음만 있다면 언제든지 어떤 것에서든지 배울 수 있다.

무언가를 배우려고 마음먹는 순간 세상은 배울 것들로 바뀐다. 배우고자 하는 사람에게는 모든 것이 은혜이며 스승이다. 모든 것에서 배우고자 하는 사람을 당해낼 재주가 없다. 그런 사람은 지금은 낮은 위치에 있다 할지라도 언젠가는 귀한 대접을 받게 될 것이다.

우리가 세상을 다 알고 살 수는 없지만 삶의 지혜를 배움으로써 더 잘 살아갈 수 있다. 그러면 어떻게 지혜로운 삶을 살아갈 것인가.

첫 번째가 독서다. 가장 쉽게 지혜로운 삶을 배울 수 있는 방법이다. 책보다 더 쉬운 방법이 사람한테 배우는 것인데 스승이 될 만한 사람을 찾는 것이 쉽지 않을 뿐만 아니라 찾는다고 해도 언제든지 배울 수 있는 게 아니다. 하지만 책은 쉽게 구할 수 있고 원하면 언제든지 펼칠 수 있다.

두 번째는 사색이다. 우리의 감각기관은 외부로 향해 있기 때문에 외부의 것은 잘 보고 듣지만 정작 중요한 자신은 보지 못한다. 그래서 사색이 필요하다. 사색은 자신의 내면을 보는 것이다. 사색은 독서와 병행할 때 효과가 있다. 독서 없는 사색은 한계가 있고, 사색 없는 독서는 깊이가 없다. 독서가 식사라면 사색은 먹은 것을 소화시켜 자신의 피와 살로 만드는 것이다.

세 번째는 쓰기다. 쓰는 행위는 독서와 사색을 재료로 하여 내 생각을 확실하게 해준다. 재료가 적으면 요리를 제대로 할 수 없는 것처럼 독서와 사색 없이 쓰는 것은 불가능하다. 쓴다는 것은 문장력이 좋다고 해서 되는 건 아니다. 하고 싶은 말이 가슴에 흘러넘쳐야 쓸 수 있다. 쓴다는 것은 생각을 분명하게 하는 것이다. 생각은 막연하게 할 수 있지만 글은 막연해서는 쓸 수 없다. 막연한 생각도 글쓰기 작업을 통해서 분명해진다.

마지막에는 행동이다. 공부의 궁극적인 목적은 행동을 통해서 삶을 바꾸는 것이다. 앎이 삶으로 구현되지 않으면 옳은 공부가 아니다. 아는 것도 어렵지만 아는 것을 실천하는 것은 더 어렵다. 몰라서 못하는 것은 어리석은 것이고 알고도 하지 않는 것은 게으르거나 나쁜 것이다. 아는 것은 많으나 실천이 따라주지 않는 사람은 머리보다 발을 더 많이 움직여야 한다. 공부를 하는 사람은 지행합일(知行合一)을 최고의 목표로 두어야 한다.

우주의 모든 현상은 파동으로 전달되며 우리의 생각도 파동으로 전달된다. 당신이 누군가를 싫어하면 그 사람도 당신을 좋게 생각하지 않을 것이다. 그것은 당신의 마음이 파동을 타고 상대방에게 전달되었기 때문이다.

어느 바닷가에 갈매기를 좋아하는 소년이 살았다. 매일 아침 바닷가로 가는 소년에게 찾아와 함께 노는 갈매기가 수백 마리도 넘었다. 어느 날 그의 아버지가 부탁했다.

"내가 듣건대 갈매기들이 모두 너와 친하다고 하니 내일은 갈매기를 좀 잡아오렴. 나도 갈매기를 데리고 놀고 싶구나."

그 소년이 다음 날 바닷가에 나갔더니 갈매기는 하늘에서 맴돌뿐 내려오지 않았다.

〈열자(列子)〉에 나오는 이야기다.

얼굴은 우리의 자서전이며 생각의 결과물이다. 우리의 생각이나 의도는 아무리 숨기려고 해도 얼굴에 나타나기 마련이다. 갈매기를 잡으려고 하는 소년의 마음은 이미 소년의 얼굴에 나타나 갈매기도 알아차린 것이다. 도둑은 도둑같이 생겼고 형사는 형사 같은 얼굴로 변한다. 그러므로 얼굴을 바꾸려거든 생각을 바꾸어야 한다. 생각을 바꾸기 전에는 얼굴을 바꿀 방법이 없다. 성형수술로 바꿀 수도 있지만 그건 특별한 경우다.

미래의 얼굴은 유전자에 의해 어느 정도 정해지지만 자신의 생각에 의해 만들어지기도 한다. 자신의 생각이 미래의 얼굴이다. 길이 없던 곳에도 사람이 계속 지나다니면 길이 생기고, 적은 물이라도 계속 흐르면 땅이 파여 물길이 생기듯이, 마음에도 우리가 많이 생각하는 대로 길이 생긴다. 그것이 쌓이면 세월과 함께 자신의 얼굴에 남는다.

영국 작가 맥스 비어봄의 단편소설 《행복한 위선자》에 '조지'라는 악명 높은 남자가 나온다. 그가 오페라 극장에서 가극을 보며 '제니'라는 여배우에게 한눈에 반해 청혼을 했다. 그러나 방탕하고 흉측한 그의 얼굴로는 그녀의 마음을 끌 수 없었다. "저는 어렸을 때부터 성자의 얼굴을 한 분과 결혼을 하리라 마음먹고 있었습니다."

그녀는 단호하게 거절했다. 그는 포기하지 않고 마을에서 가면을 잘 만드는 가게에서 성자의 모습을 한 가면을 주문했다. 주인은 성자의 가면을 조지의 얼굴에 고정시켰다. 이 마스크는 매우 정교해서 조금도 의심할 염려가 없었다.

조지는 감쪽같이 만든 성자의 가면을 쓰고 제니에게 가서 다시 청혼을 했다. 제니는 조지가 가면을 쓴 것도 모르고 성자의 얼굴을 한 그의 청혼을 받아들였다. 두 사람은 오두막집에서 행복한 시간을 보냈다.

조지는 행복한 시간을 보내면서도 양심의 가책을 느껴 고백할까도 생각했지만 달콤한 행복이 깨질까 두려워 성자 행세를 계속 할 수밖에 없었다. 가끔 자신도 모르게 과거 악당의 말투와 행동이 나오려고 할 때는 깜짝 놀라 곧 성자의 언행으로 바꾸었다. 처음에는 자신과 전혀 맞지 않는 성자의 행동을 하는 게 무척 어려웠지만 점점 시간이 지나면서 익숙해졌다.

이런 두 사람의 사랑을 질투하는 사람이 있었으니 바로 그의 옛 애인 겜보기였다. 그녀는 제니와 행복하게 사는 조지에게 찾아가 자신에게 돌아오라고 애원했지만 거절당하자 "이제 그만 가면을 벗어라"고 했다. 제니는 겜보기가 무슨 말을 하는지 어리둥절했다. 겜보기는 조지에게 달려들어 가면을 벗겼다. 조지가 필사적으로 저항하며 가면을 잡았으나 결국 벗겨지고 말았다. 모든 것을 체념한 채 얼굴을 감싸고 있는 조지의 손을 잡아 내렸다. 그런데 뜻밖에도 조지의 얼굴은 가면과 똑같은 성자의 모습을 하고 있었다.

외부 환경이 사람의 외모를 바꾸기도 한다. 그러나 향 싼 종이에서 향내 나고 생선 싼 종이에서 비린내 나듯이 사람의 얼굴을 결정하는 것은 그 사람의 마음가짐이다. 살아가면서 우리가 겪는 모든 것들이 자신의 책임이지만 그 중에서도 "나이 사십이 넘으면 자기 얼굴에 책임을 져야 한다"고 했던 링컨의 말은 의미심장하다. 마흔이 넘으면 우리 모두는 자기의 얼굴에 책임을 져야 한다. 얼굴은 우리가 살아오고, 사랑하고, 걱정해온 모든 것들의 종합결과물이다. 우리가 행동해온 방식, 생각해온 것들이 고스란히 얼굴에 드러난다. 나이가 들어갈수록 안에 있는 생각은 거짓말처럼 얼굴에 나타난다. 그것은 화장으로도 성형수술로도 지워지지 않는다. 얼굴에는 하고 싶은 말이 다 씌어 있다. 《큰 바위 얼굴》이라는 소설에서도 나오듯이 결국 모든 일은 생각하는 방향으로 흘러가기 마련이다.

유쾌한 인간관계 포인트 4
성형수술 말고 마음가짐만으로도 얼굴은 바뀌어간다.

우리는 매사에 빈틈이 없고 똑소리 나는 사람을 좋아하는 것 같지만 사실은 조금 어눌하고 약간 빈틈이 있는 사람을 더 좋아한다. 완벽해 보이는 사람보다는 조금 어수룩한 데가 있는 사람이 더 인간적으로 느껴지고 사람 훈기도 난다.

노자는 "총명하여 그 어떤 것이라도 모두 알고 능통하면서 그러한 것을 전혀 의식하지 않고 기색도 보이지 않는 사람, 그가 바로 훌륭한 사람이다"라고 말했다. 노자가 말하는 이상적인 리더는 훌륭한 재능을 가지고 있지만 자랑하지 않고, 큰일을 성취해도 드러내지 않는 인물이다.

너무 뛰어난 사람은 본의 아니게 주위 사람들을 주눅 들게 한다. 사람들은 완전히 비어버린 멍텅구리가 아니라 똑똑한 멍청이를 좋아한다. 남들이 좋아하는 사람이 되고 싶으면 언제나 스스로를 낮추고 겸허해야 한다.

능력 있고 매력적인 사람이 실수를 하면 소박해 보이고 친근감마저 느껴진다. 때로는 멍청함을 가장해 주위 사람들의 기대와 경계심을 낮출 필요가 있다. 약간 어벙하게 보이는 것, 바로 이것이 핵심이다. 그래야 당신을 위협적으로 생각하지 않는다.

협상에서 영리한 척하기보다 우둔한 척하는 것이, 애써 설득하기 보다는 조용히 앉아 있는 것이 더 효과적인 경우도 있다.

지혜가 있어도 때로는 없는 척해야 한다. 큰 지혜는 깊이 감추어 없는 것 같이 보이고, 군자는 안으로 덕을 쌓아도 겉으로는 어수룩하게 보일 수 있다. 예리한 지혜의 칼날은 가슴 속 깊이 간직하고 쉽게 드러내지 마라. 가장 지혜로운 사람은 자신의 지혜로움을 다른 사람이 눈치 채지 못하게 한다.

처음 만나는 사람 앞에서 자신의 지적 수준을 드러내지 마라. 지성이란 그것을 갖지 않은 사람에게는 보이지 않는 법이다. 공자도 "중인 이상은 높은 도를 말해주어도 괜찮으나, 중인 이하는 높은 도를 말할 것이 못 되느니라"라고 했다.

그 사람에게 맞는 언어로 이야기하라. 노인한테 하는 말과 대학생한테 하는 말은 달라야 한다. 검은 검객을 만났을 때 뽑아라. 시를 모르는 사람 앞에서 시를 낭송하지 마라. 팔만대장경을 빨래판으로 보는 사람들 앞에서 불경을 논하는 어리석음을 범하지 마라. 상황에 맞게 대처할 줄 아는 사람이 진정 현명한 사람이다.

윗사람은 실적이 탁월한 부하를 원하면서도 업무뿐만 아니라 다른 모든 면에서 자신을 능가하는 사람을 두려워하고 시기한다. 상사가 휴가나 출장을 갔을 때 업무를 완벽하게 처리하는 것도 별로 환영받을 일이 못 된다. 급한 일이 아니라면 중요한 사항은 상사의 몫으로 남겨놓는 것도 상사의 존재 이유와 체면을 살려주는 좋은 방법이다. 당신의 교양이나 관용으로 윗사람을 감동시키려고 하다가는 치명적인 결과를 낳을 수도 있다. 사람들은 육체의 열등감은 감수할 수 있어도 정신적 열등감을 감수할 만큼 성숙하지는 못하다. 육체는 부모로부터 물려받은 운명적인 것이어서 내 책임이 아니지만, 정신적 열등감은 내 책임이므로 그것을 인정하는 데에는 상당한 고통이 따르기 때문이다. 더욱이 부하 직원에게 그런 이미지로 인식된다는 것은 상사로서 모욕을 느끼기에 충분하다.

유쾌한 인간관계 포인트 5
사람들은 완벽한 사람보다 은근히 똑똑한 멍청이를 좋아한다.

아당팔

윗사람보다 잘난 것처럼 보이는 게 위험한 것인 줄 안다면, 오히려 이것을 유리하게 이용할 수도 있다. 우선 윗사람의 비위를 맞추고 그의 자존심을 세워주면 된다. 물론, 노골적인 아부에는 한계가 있다. 따라서 신중한 아부가 필요하다. 만일 당신이 윗사람보다 더 똑똑하다면, 그 반대의 모습을 보여주어라. 순진한 것처럼 행동하라. 장기적으로 볼 때 해로울 것이 없는 실수를 저지름으로써, 윗사람에게 도움을 청할 구실을 만드는 것이 좋다. 윗사람들은 그런 요청을 받는 것을 좋아한다. 윗사람은 자신의 경험을 선물로 주지 못하면 거꾸로 악의를 품게 된다. '모난 돌이 정 맞는다'는 속담처럼 너무 똑 부러지게 행동하는 사람은 잘난 척하는 것으로 비치기 십상이다. 인간관계를 모나지 않게 유지하기 위해서는 똑똑한 척하지 않으면서 개성 있는 사람으로 처신해야 한다. 이는 아무나 쉽게 할 수 있는 것이 아니다. 스스로 오랜 기간 단련한 사람만이 자연스럽게 할 수 있다.

'어당팔'이라는 말이 있다. '어수룩하게 보이는 사람이 당수 팔단'이라는 뜻이다. 어수룩하게 보이는 것은 아무나 할 수 있는 게 아니다. 어수룩하게 보이면 잘난 척하지 않아도 되므로 편안하게 행동할 수 있다. 그리고 상대방도 시기하고 경계하지 않는다. 어수룩하게 보일 수 있는 자신이 있다면 당신은 내적으로 성숙되고 충만한 사람이다. 당신이 그렇게 보인다고 하더라도 누가 당신을 그런 사람이라고 보겠는가? 당신이 어수룩하게 보일 수 있으려면 당신이 똑똑하게 보일 필요가 없을 정도의 자부심이 있어야 한다. 당신이 아무리 똑똑하고 잘난 척하고 싶어도, 아무리 어수룩하게 보여도 세상 사람들은 당신의 참모습을 볼 줄 안다. 세상은 그렇게 어수룩하지 않다.

유쾌한 인간관계 포인트 6
똑똑하게 보일 필요가 없을 정도의 자부심을 먼저 길러라.

인간은 누구나 허물이나 흠이 있기 마련이다. 숨기고 있던 것이 드러나면 약점이 되지만, 스스로 약점이라고 말하는 순간 그것은 더 이상 약점이 아니다. 있는 그대로의 약점을 드러낼 때 그 사람은 인간답게 빛난다. 약점이 자랑할 것은 못 된다고 하더라도 굳이 숨길 정도로 부끄러워할 필요는 없다. 가장 큰 약점은 약점을 보이는 것을 지나치게 두려워하는 일이다. 완벽해도 좋은 것은 신과 죽은 자 뿐이다. 그러나 정말 큰 약점이라고 생각하는 것은 말하지 마라. 그것이 당신을 위협할 수도 있기 때문이다.

권투에서도 큰 펀치를 날리기 위해서 상대방의 작은 펀치 정도는 맞아준다. 일부러 치명적이 아닐 정도의 약점을 흘려 상대방을 안심시킨 다음 주도권을 잡는 것이다. 못난 체 약점을 가장하여 상대방이 오만하게 굴도록 해보라. 즉, 낙법을 취하면서 어느 사이에 우위에 서는 것이다. 이것이야말로 '약자이면서 강자를 이긴다'는 비법이며, '뒤로 물러서서 앞을 차지한다'고 하는 노자의 사상을 구현한 것이다.

유비가 아직 세력이 약하여 조조의 영향권 아래 있을 무렵의 이야기다. 평소 유비를 의식해온 조조는 매화가 보이는 정자에서 유비와 술을 한잔하고 있었다. 술자리가 익어갈 무렵 두 사람의 대화가 영웅론으로 번져갔다. 조조의 입에서 "지금 천하의 영웅이라면 오직 유비와 여기 이 조조가 있을 뿐이오!"라는 말이 나왔다. 그때까지만 해도 조조의 의심을 피하기 위해 아무런 야망이 없는 순박한 농부의 모습으로 농사를 짓고 있던 유비는 그 말을 듣는 순간 눈앞이 아찔했다. 농사꾼 흉내를 내가면서 자신을 감추려고 애썼건만 날카로운 조조의 눈은 어느새 그를 꿰뚫어보고 있었던 것이다. '조조가 나를 그렇게 보았다면 이제는 끝이다.' 그렇게 생각하자 온몸의 힘이 쭉 빠졌다. 그 바람에 자신도 모르게 손에 쥐고 있던 젓가락을 떨어뜨리고 말았다. 그런데 때마침 한줄기 소나기가 쏟아지며 뇌성이 크게 일었다. 조조의 말에 놀라 젓가락을 떨어뜨려 일이 더욱 꼬인 것을 알고 당황하던 유비는 얼른 그 뇌성을 핑계로 삼았다.

"좀 전의 천둥소리가 얼마나 무섭던지 그만 젓가락을 떨어뜨리고 말았습니다."

유비는 젓가락을 떨어뜨린 이유를 조조가 캐물을 것에 앞질러 대비하는 한편 자신의 겁 많음을 가장함으로써 위기에서 벗어날 수 있었다. 천하의 조조도 그같이 절묘한 임기응변에 의심은커녕 가슴 깊이 자리 잡고 있던 의심까지 풀리고 말았다.

"오늘 딸기는 산지에 비가 와서 평소보다 덜 달고, 조직이 다소 무릅니다. 수박, 참외는 아직 제철이 아니어서 당도가 떨어집니다."

이런 글이 백화점 과일매장에 붙어 있으면 당신은 어떻게 하겠는가? 아마 선뜻 그 과일에 손이 가지 않을 것이다. 그래서 백화점의 매출이 떨어질 수도 있다. 그러나 이것은 백화점의 잘못이 아니라 날씨로 인한 불가피한 상황이라는 것을 아는 고객은 그날 당장 과일을 사지 않더라도 백화점을 신뢰하고 전체적인 이미지를 좋게 기억할 것임에 틀림없다. 이것은 자신의 사소한 약점을 드러냄으로써 드러나지 않은 다른 부분에 더욱 신뢰를 주는 고도의 판매전략이다. 자신의 취약한 일부를 보여줌으로써 보여주지 않은 많은 부분들에 대해서 좋은 이미지를 심어주는 전략이지만, 만일 잘못 사용하면 더 안 좋은 결과를 초

래할 수도 있으므로 주의가 필요하다.

노자가 말했다.

"이 세상에 물만큼 약한 것은 없다. 그러면서도 강한 것을 이
길 수 있는 것 중 물보다 더 나은 것은 없다. 이유는 물이 유약
함으로 일관하기 때문이다."

누구에게나 약점은 있다. 그러나 그 약점을 인정하고 극복하
기 위해 노력하는 것은 각자의 몫이다. 몸이 약한 것은 분명히
약점이다. 그러나 그런 약점 때문에 무리하지 않고 절제력 있
는 생활을 한다면 건강한 사람보다 더 장수할 수 있다. 학력이
부족한 것도 약점이다. 그러나 부족한 것을 메우기 위해 더 열
심히 배우고 다른 사람의 좋은 머리를 활용할 수 있는 사람은
뛰어난 사람이다. 일본 마쓰시타의 창업자 마쓰시타 고노스케
가 그런 사람이었다. 그는 가난한 집에서 태어났기 때문에 어
릴 때부터 온갖 힘든 일을 하며 세상살이에 필요한 경험을 쌓
았고, 허약한 체질 때문에 운동을 시작해 건강을 유지할 수 있
었으며, 학교를 제대로 다니지 못했기 때문에 모든 사람에게서
배웠다.

완벽한 사람은 아무도 없다. 자신의 약점을 두려워하거나 부
끄럽게 생각하기보다는 그것을 계기로 삼아 새로운 자신을 발

견하고 가꾸어 나가면 거기서 참다운 자신만의 매력이 생긴다.
장점이 많은 사람은 자신의 약점을 부끄러워하지 않는다. 약점
이 있다는 것은 부끄러운 일이 아니지만, 그런 것쯤 당당히 드
러내도 부끄럽지 않을 정도의 장점이 없다는 것은 부끄러운 일
이다.

뒤로 물러서서 앞을 차지하는 지혜가 필요하다.

몸에 급소가 있듯이 사람들은 누구나 자존심이라는 마음의 급소를 가지고 있다. 인간관계에 있어서 가장 치명적인 잘못은 상대방의 자존심을 건드리는 것이다. 다른 사람의 자존심을 건드리는 것은 화약고에 불을 붙이는 것과 같으며, 그것이 폭발할 때 그 파편이 당신의 심장에 꽂힐 수도 있다. 상대방의 자존심에 상처를 입히는 순간, 사태는 걷잡을 수 없이 뒤틀린다. 왜냐하면 인간의 자아는 자신에게 있어 이 세상의 그 무엇보다 귀중한 것이며 자존심의 뒷면에는 열등감이 숨어 있는데, 숨기고 싶은 것을 들켰을 때에는 자아에 상처를 입어 극단적인 행동을 보이기 때문이다.

'역린(逆鱗)을 건드린다'는 말이 있는데, 이것은 군주에 대한 진언방법을 설명한 한비자의 다음 말에서 나온 것이다.

"용이라는 동물은 길들이면 사람의 뜻대로 할 수 있을 정도로 순하다. 그러나 목 밑에 지름 한 자 정도의 비늘이 돋아 있는데, 잘못하여 이것을 건드리면 난폭해져서 사람도 잡아먹는다. 군주에게도 이 같은 역린이 있다. 군주의 역린을 건드리지 않고 진언할 수 있으면 훌륭한 사람이다."

이것이 어찌 군주에게만 해당되겠는가? 대부분 사람들은 외부의 평가에 대해 속마음은 어떻든 간에 거꾸로 반응한다. 누군가가 칭찬하면 기분이 좋으면서도 "뭘, 그까짓 것, 별것도 아닌 걸 가지고…"라고 말한다. 그러나 다른 사람이 비난하면 "흥! 제까짓 게 뭘 안다고…!"라고 스스로를 위로하며 자기 자신을 방어하거나 합리화시키려고만 할 뿐 자신의 잘못을 진심으로 뉘우치거나 인정하려 들지 않는다. 자존심에 상처를 입은 것이다. 비판은 인간을 방어적 입장에 서게 하고 대개 자신을 정당화하기 위해 인간힘을 쓴다. "너는 틀렸어"라고 말하고 싶은 충동이 느껴질 때는 제임스 하비 로빈슨 교수의 지적에 귀를 기울여보자.

"우리는 아무런 저항이나 감정 없이 우리의 생각을 바꾸는 경우가 자주 있다. 그러나 만일 누군가 우리의 잘못을 지적하기라도 하면 분개하며 고집을 부린다. 우리는 누군가 우리의 믿음을 빼앗아가려고 할 때에는 그 믿음에 대해서 쓸데없이 집착한다. 우리에게 소중한 것은 그 생각 자체가 아니라 다른 사람에게서 도전받는 우리의 자존심이다."

사람들과 다툴 때도 절대 상대방의 아킬레스건을 건드려서는 안 된다. 대개 시간이 지나면 화해하고 잊어버리지만 치명적인 급소를 건드렸을 경우에는 화해하기 어렵다. 심지어 그 상처가 평생 가는 수도 있다. 상대방과 대화할 때 그 사람의 자아를 다치게 해서는 안 된다. 그 사람의 자아는 절대 깨지지 않는다. 자아의 상처가 깊으면 깊을수록 그것을 방어하기 위해서 상대방은 더욱더 극단으로 치닫는다. 누구도 자신의 자아를 죽인 사람의 말을 따르지 않을 것이다. 자아가 죽으면 그 사람도 죽는다.

현명한 사람은 다른 사람의 자존심을 최대한 존중해준다. 이기심의 법칙을 이용하여 이익을 얻을 수 있는 세 가지 방법은 상대의 이름을 불러주는 것, 상대의 자존심을 세워주는 것, 상대에게 긍지를 심어주는 것이다. 만약 상대를 설득하고 싶은데 보통의 방법으로 잘되지 않을 경우에는 상대방의 자존심을 세워주는 방법을 활용해보라. 그 방법은 반드시 진심에서 우러나온 것이어야 한다. 그러기 위해서는 우선 상대방을 칭찬해줄 만한 요소를 찾아내야 한다.

중요한 것은 상대방의 자존심을 손상시키지 않으면서도 자신의 만족을 채울 수 있는 인간관계이다. 벌은 꽃을 해치지 않고 꿀을 딴다. 벌이 꿀을 딴 자리에는 열매가 맺힌다. 모든 인간관계의 기본은 배려와 존중이다. 대우받기 위해서는 상대방을 존중해줘야 한다. 상대방을 깔보는 듯한 태도를 취하면 상대방의 마음은 결코 열리지 않는다. 모든 인간관계에서 자신이 예상했던 결과가 나오지 않거나 사람들이 나를 피한다는 생각이 들거든 은근히 자기 자랑을 일삼아 상대방의 자존심을 상하게 하지는 않았는지 의심해봐야 한다.

유쾌한 인간관계 포인트 8
상대방의 아킬레스건을 건드려서는 안 된다.

자존심과 자존감은 다른 단어이지만 혼동하기 쉽다. 자존심은 타인을 통해 존중받는 마음이며, 자존감은 자기 스스로를 존중하는 마음이다. 자존심이 높은 사람은 타인을 의식하지만 자존감이 높은 사람은 타인의 평가나 시선에 연연하지 않는다. 자존심과 자존감은 대체로 반비례하는 경향이 있다. 자존감이 낮은 사람은 자존심을 세움으로써 보상을 받으려는 심리가 있는 반면, 자존감이 높은 사람은 자존심을 내세우려고 하지 않는다. 그것은 자존심이 없어서가 아니라 스스로 내세울 필요가 없기 때문이다.

우리는 흔히 자존감이 높은 사람일수록 대하기 어려울 거라 생각하지만 사실은 자존감이 높은 사람일수록 대하기 쉽다. 자존감이 높은 사람일수록 자기 자신에 대해 긍정적으로 생각하므로 사소한 일에는 자존심에 상처를 입지 않는다. 따라서 그런 사람은 다소의 불쾌감 따위는 아무렇지도 않게 생각하고 다른 사람이 실수하더라도 적당히 받아들일 줄 안다. 그들은 자신의 기본적인 욕구가 충족되어 있기 때문에 다른 사람의 욕구를 고려할 만한 여유가 있는 것이다. 무공이 낮은 사람은 상대방의 외모나 현혹하는 동작에 마음이 동요되어 자세가 흔들리지만 무공이 높은 사람일수록 외부의 요인에 흔들리지 않는 것과 같은 원리다.

그런데 왜 대부분 자존감이 높고 직위가 높은 사람을 가까이하지 않는 것일까? 그것은 자기의 내공이 부족해 그들 때문에 자신의 자존심이 상처받을까 두려워하기 때문이다. 그래서 미인에게 접근하는 남자들이 드물고, 회식자리에서 상사와 가까운 자리에 앉는 부하 직원들이 적은 것이다.

자존감이 낮은 사람은 다른 사람의 자극이나 반응에 민감하게 반응한다. 자신의 낮은 자존감이 드러나는 것이 두렵기 때문이다. 자존심이 높은 것처럼 보이는 사람은 다른 사람에게 강한 모습을 보이기 위해 그렇게 노력할 뿐이며 자존감이 낮은 사람이다. 나보다 어리석은 사람을 만났을 때 그들을 무시해서는 안 된다. 어리석은 사람은 자신을 무시하는 것을 참지 못한다. 그런 것을 참을 줄 아는 사람이라면 어리석은 사람이 아니다.

인간관계를 개선할 수 있는 방법 중 하나는 '자존감이 너무 낮은 사람은 말썽의 원인이 된다'는 것을 명심하고 적절하게 행동하는 것이다. 낮은 자존감 때문에 문제가 일어난다는 사실을 알고 있다면, 굳이 상대의 자존감을 꺾어 문제의 씨앗을 뿌릴 필요가 없다. 뿐만 아니라 상대방의 약점을 신랄하게 꼬집거나 격렬하게 논쟁할 필요도 없다. 가능한 한 그러한 상황은 피해야 한다.

상대방이 별다른 뜻 없이 한 말을 가지고 빈정거림이나 숨은 뜻이 있을 거라고 생각하는 사람은 자존감이 낮은 사람이다. 남의 험담을 잘하는 사람, 자기자랑을 늘어놓는 사람, 덮어놓고 상대방을 억누르는 사람, 성격이 난폭한 사람 역시 마찬가지다. 몸이 약한 사람은 기온이 조금만 떨어져도 감기에 잘 걸리듯이 자존감이 낮은 사람은 사소한 비난이나 말 한마디에도 상처를 입는다. 마음속에서 스스로의 권위를 느끼지 못하면 못할수록 외면적인 권위를 지키려 하고 그것이 손상당했을 때 격노한다.

정상적인 사람에게 "너의 한쪽 다리가 짧다"고 이야기해도 화를 내지 않는다. 그는 자기의 다리가 불구가 아니라는 사실을 알고 있기 때문이다. 그러나 만약 "너는 약간 모자란 데가 있다"라고 말하면 그는 불같이 화를 낼 것이다. 사실은 자기가 좀 모자랄지도 모른다고 생각하고 있기 때문이다.

자존심 싸움을 피하는 것은 곧 자신감을 표현하는 것이다. 자기가 더 우월하다는 것을 증명해 보이고 싶어 하는 사람들은 불안정하고 자신이 없는 사람이다. 정말로 자랑할 거리가 있는 사람들은 자랑할 필요도 없다. 참으로 떳떳하고 자신 있는 자는 시도 때도 없이 공격 자세를 취하거나 과잉방어에 급급할 까닭이 없다. 사자는 병든 것처럼 슬금슬금 걷고 독수리는 졸린 것처럼 꾸벅꾸벅 눈을 뜨지만 결정적인 순간에 이르면 무서운 힘을 발휘한다. 반면 결정적인 무기가 없는 여우는 온갖 방법으로 상대를 교란시킨다.

자존심은 자신을 지켜주는 칼과 같다. 자신을 지켜주는 칼이 없으면 안 되지만 칼이 있다고 해서 함부로 휘둘러서도 안 된다. 칼은 칼집 속에 있을 때 힘을 발휘하는 것이지 일단 칼집에서 빠져나오면 힘을 잃는다. 자존심은 세우는 것이 아니라 가지고 있는 것이다. 자존심은 가지고는 있지만 함부로 쓰지 않을 때 더 큰 힘을 발휘한다. 자존심을 내세우면 고집이 된다. 고집을 부리는 것은 자신이 소인배라는 것을 폭로하는 것과 같다.

유쾌한 인간관계 포인트 9
자존감이 높은 사람은 사소한 일에 상처받지 않는다.

'치킨게임'이라는 것이 있다. 어느 한쪽이 양보하지 않을 경우 모두 파국으로 치닫는 자동차 게임으로, 1950년대에 미국 젊은 이들 사이에서 크게 유행했다. 중앙에 한줄기 흰 선이 그어진 직선도로를 선택하면 게임이 시작된다. 멀리 떨어진 양쪽 끝에서 두 대의 자동차가 서로 마주 보며 빠른 속도로 달린다. 양쪽은 모두 중앙의 흰 선 위에서 바퀴가 벗어나지 않도록 주의하면서 돌진한다. 계속 돌진하면 정면충돌하는 것은 불을 보듯 뻔하다. 어느 한쪽이 핸들을 꺾어 흰 선에서 벗어나면 상대방은 스쳐 지나며 '겁쟁이'라고 외친다. 충돌을 먼저 피한 편이 지는 것이다.

이기기 위해서는 힘이 필요하지만 져주기 위해서는 용기가 필요하다. 용기가 있는 사람은 만용을 부리지 않으며, 뛰어난 사람은 사소한 일에 목숨을 걸지 않는다. 칼을 가진 두 사람 중 누군가가 먼저 칼을 내려놓아야 한다면, 긴 칼을 가진 사람이 먼저 내려놓는 것이 문제해결을 쉽게 한다. 그릇이 큰 사람은 사소한 일에 져주어도 자신이 그것 때문에 작아 보이지 않는다는 것을 알고 있지만, 그릇이 작은 사람은 거기서 밀리면 끝이라는 위기의식 때문에 작은 일에도 목숨을 건다.

"사랑해"라는 말을 남발하는 뜨거운 사이라도 자존심에 상처를 받으면 사랑이 한순간에 깨질 수 있다. 자존심에 상처를 받은 사람은 피를 흘리며 달려드는 사자와 같다. 자존심이 무서운 이유는 큰 것에서 상처를 받는 게 아니라 사소한 것에서 상처를 받기 때문이다. 그래서 많은 사람들이 상대가 자존심에 상처를 받았는지도 모르고 있다가 당한다. 연인 사이도 자신의 진심을 연인이 몰라주어 자존심을 다치거나 서로 사랑하지만 자존심 때문에 화해를 하지 못해 두 사람이 헤어지는 경우도 있다.

연인뿐만 아니라 인간관계에서 공통적인 문제는 어떻게 자신의 자존심을 지키고 상대의 자존심을 다치지 않게 하느냐에 있다. 그것을 알기 위해서는 남녀의 아킬레스건이 어디에 있느냐를 아는 것이 중요하다. 사람마다 조금씩 다르지만 대개 남자는 능력에, 여자는 외모에 자신의 자존심을 건다. 그러므로 상대의 마음을 얻고 자존심을 다치게 하지 않기 위해서는 남자에게는 능력을 칭찬하고, 여자에게는 외모를 칭찬하면 된다. 거꾸로 남자의 능력을, 여자의 외모를 무시하거나 비하하면 자존심에 치명적인 상처를 입히게 되어 그 후폭풍을 피할 수가 없게 된다. 이것만 잘 알고 지켜도 인간관계에서 오는 어려움의 반 이상은 피할 수 있다.

유쾌한 인간관계 포인트 10
내 자존심을 지키며 상대의 자존심을 다치지 않게 하라.

상처,
주지도 말고
받지도 마라

인간관계는 상생(win-win)이 가장 좋고, 그게 아니라면
무승부가 좋다. 승부가 날 때까지 계속 싸우는 관계가 가
장 나쁜 관계다. 우리는 이기는데 너무 집착하여 무승부
가 되면 승부가 날 때까지 계속한다. 다른 사람보다 더 잘
난 사람으로 보이기 위한 것도 마찬가지다. 그 과정에서
상대에게 본의든 아니든 상처를 주게 된다. 나로 인하여
상처를 받은 사람은 어떤 형태로든 보복을 하게 되니 관
계가 깨어지기 쉽다.

타인에게 상처를 주지 않는 것도 중요하지만 더 중요한
것은 나 자신이 상처를 받지 않는 것이다. 나를 둘러싼 타
인들은 자신도 잘 다루지 못하는 칼을 하나씩 가지고 있
다. 그 칼날에 상처를 받을 수도, 받지 않을 수도 있다. 그
것은 나의 몫이다.

나와 '다른 것'을 '틀린 것'으로 보지 마라. 원숭이가 모두 바나나를 좋아한다고 생각하지 마라. 커피를 한 잔만 마셔도 잠을 못 자는 사람이 있고, 자기 전에 한 잔 안 마시면 잠을 못 자는 사람도 있다. 사람에게는 저마다 다 자기만의 개성과 특성이 있다.

인간은 누군가에게 꾸지람을 들으면 상대방이 보이지 않는 곳에서 그에 대한 분풀이를 하지 않고는 못 견디는 존재다. 시어머니에게 꾸중을 들은 며느리는 마당에서 놀고 있는 강아지의 옆구리를 차든가 아니면 부엌에 있는 바가지라도 내던져야 속이 풀린다. 상대에게 쏜 비판의 화살은 언제든지 나에게 되돌아오기 마련이다. 궁지에 몰린 적을 공격하면 목숨을 걸고 필사적으로 반격하여 예상치 못한 피해를 입을 수도 있다. 상대가 잘못을 했다고 해서 매몰차게 몰아세우면 언젠가는 보복을 당한다. 어리석은 것을 너무 낱낱이 밝혀내면 그것이 원한이 되어 언젠가는 복수의 칼날이 당신의 심장을 노린다는 것을 잊지 마라. 모든 것을 비판하는 게 이성적인 것은 아니다. 인생을 풍요롭게 하는 것은 비판이 아니라 따뜻한 사랑이다.

"궁지에 몰린 쥐가 고양이를 문다"는 말이 있다. 상대방을 궁지에 몰아넣지 마라. 상대를 꾸짖더라도 도망갈 길은 열어주면서 꾸짖어야 한다. 사람은 궁지에 몰릴수록 웅크리게 되며, 간혹 무의식중에 반격하기도 한다. 남의 나쁜 점을 꾸짖을 때는 너무 엄하게 다그치지 말고, 상대방이 그 말을 감당할 수 있는가를 먼저 헤아려야 한다. 인간관계에서 충돌을 피할 수 있는 효과적인 방법은 다른 사람의 단점을 들춰내는 짓을 멈추는 일이다.

다른 사람의 외모에 대해 비판하지 마라. 그 사람도 그 부분을 콤플렉스로 생각하고 있을지도 모르며, 성형수술하기 전까지는 자신도 어찌할 수 없는 부분이다.

다른 사람의 의상에 대해 비판하지 마라. 그 사람의 취향이 당신과 같을 수는 없으며, 수많은 옷 중에서 골랐을지도 모르는 일이다.

다른 사람의 습관에 대해 비판하지 마라. 당신이 한마디 한다고 고칠 수 있을 것 같았으면 지금까지 그런 습관을 가지고 있지도 않았을 것이다.

다른 사람의 창작품에 대해 함부로 비판하지 마라. 그것은 그 사람의 열정과 영혼을 담은 것이기에 그 사람 자체보다도 더 중요한 것이다.

누군가와 의견이 다를 때 동의는 하지 못하더라도 공감은 할 수 있다. 사람을 대할 때 가져야 할 중요한 태도 중 하나는 '그럴 수도 있다'는 열린 생각이다. 다른 사람의 의견이 나와 다를 때 일단 그 차이점을 인정하고 편안한 마음으로 상대방의 의견에 귀를 기울여라. 그리고 상대방의 체면을 손상시키지 않도록 도망갈 길을 만들어주면서 주장할 것은 주장하라.

우리는 하루에도 수없이 생각을 바꾸고, 자신의 능력을 의심하면서도 다른 사람으로부터 비판을 받으면 자존심에 상처를 입어 자신을 정당화시키는 데 모든 수단을 동원한다. 상대방에 대한 비판과 충고는 아주 특별한 경우가 아니면 하지 않는 게 좋다.

"눈 덮인 들판 길을 걸어갈 때 발걸음 하나라도 어지럽히지 마라. 오늘 내가 걸어가는 길이 뒷사람의 이정표가 될 것이다."

이 글은 백범 김구 선생이 붓글씨로 즐겨 쓴 서산대사의 시다.

그런데 만약 누군가가 이 시를 안중근 의사가 즐겨 쓴 시라고 우기더라도 다투지 마라. 이런 것은 당신이 모험을 걸고 나설 만큼 중요한 문제가 아니다. 불필요하게 상대방에게 모욕을 주어서 얻을 것은 없다. 상대방이 사소한 문제를 좀 틀리더라도 전체의 흐름에 영향이 없다면 그냥 넘어가는 것도 좋다. 어느 선사의 말처럼 달을 가리키면 달을 보지 왜 손가락을 보려고 하는가.

신념이 있는 사람은 상대방에게 자신이 옳다고 주장하지도 않으며 자신과 같이 변하라고 강요하지도 않는다. 자신의 자아가 중요한 만큼 상대방의 가치를 인정하고 존중한다. 현명한 사람은 다른 사람을 비판하지 않는다. 그는 비판으로 상대방을 침묵시킬 수는 있어도 변화시킬 수는 없다는 것을 알기 때문이다.

다른 사람을 비판한다고 해서 그 사람보다 위대해지지는 않는다. 비판할 줄 아는 인간은 가격만 알고 가치는 모르는 사람이다. 인간은 다른 사람에게 반함으로써 비로소 성장한다. 우리에게 부족한 것은 비판이 아니라 공감이다.

유쾌한 인간관계 포인트 11
나와 '다른 것'을 '틀린 것'으로 보지 마라.

지각이 있는 사람은 충고를 아낀다. 사람들이 상담을 청할 때 겉보기에는 그들이 어떤 조언을 얻고자 하는 것처럼 보이지만, 사실은 위로받고 싶은 마음이 더 강하다. 이런 사람에게 충고하는 것은 배가 고파서 먹을 것이 필요한 사람에게 음식은 주지 않고 소화제를 주어 결국 그 사람의 속을 더욱 쓰리게 만드는 것과 같다.

"임금을 섬김에 자주 간(諫)하면 욕을 보게 되고, 벗에게 자주 충고하면 소원해진다."

공자의 제자 자유의 말이다. 그렇다고 모든 일에 침묵으로 일관할 수도 없다. 침묵은 비겁함의 소치다. 물론 침묵해야 할 상황도 있지만 말해야 할 때는 소신 있게 말해야 한다. 이때 절대 역린(逆鱗)을 건드려서는 안 된다. 이것은 목숨을 거는 일이다. 과거 왕조시대에 목숨을 걸고 세 번씩이나 임금께 간한 충성스러운 신하도 있었다. 그것도 마음이 넓은 군주에게나 가능한 일이지 화난 군주의 말 한마디에 목숨을 잃은 신하들이 얼마나 많은가! 이럴 때 가장 좋은 방법은 비유법을 쓰는 것이다. 비유는 자신의 생각을 간접적으로 나타내지만 잘된 비유는 아주 효과적이며, 설사 거절을 당한다고 하더라도 서로에게 큰 상처를 주지 않는다.

충고는 그것이 가장 필요한 사람이 가장 듣기 싫어하는 경향이 있다. 여러 가지 이유와 증거를 들이대며 상대의 어리석음을 증명하려고 애쓰지 마라. 그 사람은 자신이 어리석다는 것을 인정하려 들지 않고 화를 내거나 거드름을 피우며 호전적이 되기 쉽다. 꼭 필요한 상황이라면 상대방의 결점을 모조리 나열하며 직설적으로 말하지 말고 완곡하게 돌려 말하거나, 노골적인 언동은 피하고 어떤 비유를 들어서 넌지시 지적하라. 부드러움이 강함을 제압하듯이 부드러운 말로 사람을 깨우치게 해야 된다. 가장 부드러운 말로 상대방의 마음을 움직이지 못하면 가장 강한 말로도 설득할 수 없다.

겁쟁이는 언제나 다른 사람의 의견을 두려워한다. 자신 있는 사람은 다른 사람에게 충고를 구한다. 남에게 충고를 구한다고 해서 나의 능력이 줄어드는 것은 아니다. 오히려 충고를 잘 듣는다는 것은 내가 큰 그릇임을 증명하는 것이다.

잘못을 지적받는 것도 연습이 필요하다. 다른 사람의 충고가 괴로운 것은 상대방의 충고가 타당성이 없어서가 아니라 나도 어느 정도는 수긍하기 때문이다. 만약 좀 모자라는 사람이나 술에 취한 사람이 그런 말을 했다면 이유나 타당성이 약하기 때문에 마음이 흔들리지 않을 것이다. 잘못을 지적해주면 그가 누구든지 귀담아 들을 필요가 있다. 내가 틀렸다는 걸 인정하는 것을 결코 부끄러워해서는 안 된다. 들을 때는 얼굴이 붉어지고 무안하지만 돌아서면 가슴이 풍성해진다. 그러나 정말 말이 쉽지 보통 어려운 일이 아니다. 충고를 적절하게 하는 것도 어렵지만, 충고를 우아하게 받아들이는 것은 더욱 어렵다. 오죽하면 공자가 "60세가 되어야 귀가 열려 타인의 말이 귀에 거슬리지 않고 가슴에 들린다(六十而耳順)"고 했을까. 귀가 순해져 사사로운 감정에 얽매이지 않고 모든 말을 객관적으로 들을 수 있는 경지까지 가도록 노력하는 것이 자기 수련의 길이다.

유쾌한 인간관계 포인트 12
충고는 그것이 가장 필요한 사람이 가장 듣기 싫어하는 경향이 있다.

회사가 원하는 것, 상사가 원하는 것

우리는 누구나 능력을 확인받고 싶어 한다. 상사 또한 예외가 아니다. 그래서 조직사회에서 상사와의 관계를 원만하게 이어가는 것은 개인의 능력을 향상시키는 것 못지않게 중요하다. 만약 상사와의 관계가 원만하지 못하면 어떤 식으로든 불이익을 당한다. 상사도 평범한 인간이기 때문이다.

개는 주인에게 충성한다. 반면 고양이는 주인을 잘 따르지 않고 자신의 생각대로 행동한다. 기업이 원하는 인재상은 개와 같은 타입이다. 고양이처럼 능력 있고, 사려 깊고, 지혜롭다 할지라도 조직에 몸담고 있는 동안에는 개처럼 행동하는 것이 유리하다. 개인은 조직에 끊임없이 충성심을 보여주어야 한다.

기업에서의 삶은 대단히 복잡하고 미묘하다. 너무 솔직해선 안되며 돌려서 표현할 줄 알아야 한다. 상사가 마음의 문을 열어놓지 않는다면 나도 마음의 문을 열지 않는 것이 현명하다. 상사의 생각이나 행동은 바꿀 수 없다. 바꿀 수 있는 건 내가 일하는 방식과 상사를 대하는 태도뿐이다. 층층시하 얽매여 사는 샐러리맨일수록 섣부른 의견제의나 상사에 대한 비판은 삼가야 한다. 윗사람에게 내 의견을 이야기할 때는 먼저 상사의 심리와 욕망을 분석하고 그에 맞는 방법으로 설득해야 한다. 한 번 말해서 듣지 않는다면 다음에는 상사의 결정에 따르는 게 좋다. 회사와 상사를 동일시하지 마라. 상사는 회사의 직위상 당신 위에 있지만 감정을 가진 평범한 사람이다. 회사가 필요로 하는 것은 당신의 능력이지만 상사가 필요로 하는 것은 당신의 팀워크와 충성심이다. 여기에 직장인의 애환이 있다.

업무 능력은 끊임없이 갈고닦되, 상사를 깍듯하게 대접하고 비판하지 마라. 공은 상사의 덕으로 돌리고 나쁜 일은 내 탓으로 돌리는 게 좋다. 상사의 우월감을 만족시키는 것은 상사를 받드는 자의 핵심이다.

유쾌한 인간관계 포인트 13
회사는 당신의 능력을 필요로 하지만,
상사는 당신의 충성심을 필요로 한다.

스피노자가 말했다.

"세 사람이 한자리에 모이면 그 의견이 모두 제각각이다. 당신의 의견이 비록 옳다 하더라도 무리하게 남을 설복시키려 하는 것은 현명한 일이 아니다. 모든 사람들은 설복당하기를 싫어한다. 의견이란 못질과 같아서 두들기면 두들길수록 자꾸 들어갈 뿐이다. 진리는 인내와 시간이 저절로 밝혀준다."

당신이 시도하는 모든 일들이 모든 사람들에게 환영받을 거라고 생각하지 마라. 당신이 모든 사람들의 문제를 다 해결해줄 것이라는 생각은 오만이다. 모든 사람이 다 당신을 좋아할 수는 없다. 그것을 바라서도 안 된다. 국민의 반만 좋아해도 대통령이 되고도 남는다. 나폴레옹도 그가 이끌었던 전쟁의 3분의 1에서 패배했다. 그러나 역사는 그를 위대한 장군으로 기억한

나. 링컨조차도 아군이 반이면 적군이 반이라고 하면서 자신에 대한 비판에 초연했다고 한다. 그것이 바로 이 세상의 섭리이며 균형이다. 세상에 존재하는 괜찮은 것치고 사람들이 비판하지 않는 것이 없다. 모든 사물에 빛과 그림자가 있는 것처럼 나를 좋아하는 사람이 있으면 반드시 나를 싫어하는 사람도 있다는 사실을 인정하라.

내 마음속에서 올바르다고 생각한다면 다른 사람의 말에 신경 쓸 필요가 없다. 세상에는 나를 좋아하는 사람만 있는 게 아니다. 세상에는 '3분의1 법칙'이라는 것이 있다. 좋은 것을 보고도 '끝내준다'고 하는 사람, '그저 그렇다'고 하는 사람, 그리고 '별로다'라고 하는 사람으로 나눠진다. 나를 좋아하는 사람이 있으면 나를 싫어하는 사람, 그리고 나에게 아무런 관심이 없는 사람들도 있기 마련이다. 무슨 일을 하든 어차피 일부 사람들에게는 욕을 먹는다. 그것이 세상사다.

다른 사람에게 부당한 비판을 받지 않는 것은 불가능하지만, 그런 비판에 신경 쓰지 않는 것은 가능하다. 물론 모든 비판을 무시하라는 게 아니라 부당한 비판이라면 무시하는 것이 좋다는 이야기다. 듣기 싫은 소리를 들었다고 해서 분노하고 살기에는 우리의 인생이 짧고 또 해야 할 일들이 너무 많다. 누군가의 말 한마디에 흥분하고 흔들린다는 것은 아직도 내 마음이

깊지 않다는 뜻이다.

다른 사람이 자신과 다른 길을 가는 당신을 비판하면서도 혹시 당신이 성공할지도 모른다는 두려움을 느낄 수도 있다. 자신의 두려움과 상대에 대한 질투가 당신에 대한 비판으로 나오는 것이다.

사람들은 하루 종일 자신의 생각에 빠져 있다. 다른 사람의 눈에 난 상처보다 자신의 티눈에 더 신경을 쓰는 것이 사람이다. 우리는 무슨 일을 하건 '남들이 뭐랄까'부터 먼저 생각한다. 그러나 사람들은 생각보다 남 일에 관심이 없다.

처칠 수상이 의회에서 회의를 하는 도중 어느 여성의원과 심한 논쟁을 벌였다. 논쟁 끝에 흥분한 여성의원이 차를 마시는 처칠에게 "당신이 내 남편이었다면 틀림없이 그 차속에 독약을 넣었을 것입니다"라고 하자 처칠은 웃으면서 이렇게 응수했다.

"당신이 만약 내 아내였다면 그 차를 마셨을 것이오."

처칠은 유머와 재치로 상황을 반전시킨 진정한 리더였다.

또한 위기의 상황을 멋지게 반전시킨 링컨의 유명한 일화가 있다. 한 야당의원이 의회에서 링컨이 '두 얼굴을 가진 이중인격자'라고 사정없이 공격하자 링컨은 "내가 두 얼굴을 가졌다면 하필이면 왜 이 못난 얼굴을 들고 여기 나왔겠습니까?' 라는 한 마디로 야당과 언론의 비판을 멋지게 피해갔다.

모든 일에 현명하게 대처하려면 '비판'이 있을 거라는 걸 미리 염두에 두고 있어야 한다. 당신을 비판하는 사람이 많다는 것은 그만큼 당신이 세상의 중심에 있으며 관심의 대상이 되고 있다는 뜻이다. 산골에서 약초 캐고 사는 사람을 비판하는 사람은 아무도 없다. 세금을 낸다는 것은 소득이 있다는 의미이 듯이 비판을 받는다는 것은 그만큼 성장하고 있다는 증거다. 현명한 사람은 다른 사람의 비판에 흔들리지 않는다. 다른 사람의 생각에 따라 나의 일상이 바뀐다거나 다른 사람들의 생각이 나의 진짜 모습이 아니라는 것을 알기 때문이다. 현명한 사람은 다른 사람의 행동을 마음대로 조절하고 싶다는 생각을 하지 않는다. 자신의 자유를 아주 중요하게 여기므로 다른 사람의 자유 역시 존중한다. 남들에게 비판받는 것을 두려워하지 않는 사람만이 남들과 다른 존재가 될 수 있다.

유쾌한 인간관계 포인트 14
아군이 반이면 적군도 반이다.

세일즈맨들의 책상에는 《협상의 ○○》 이라든가 《설득의 ○○》 과 같이 협상이나 설득을 키워드로 한 제목의 책들이 꽂혀 있을 것이다. 지금 이 시간에도 당신을 미래의 고객으로 생각하는 수많은 사람들이 당신을 설득하기 위한 기술을 익히고 있을 것이다. 그런 사람들로부터 당신을 보호하기 위해서라도 당신은 '거절의 기술'을 배워야 한다.

비 온 뒤에 맑게 개면 모든 것이 수채화처럼 산뜻하게 느껴지지만 맑은 날씨가 계속되면 그것을 실감하지 못한다. 모든 사람에게 좋은 사람과 항상 좋은 사람은 항상 맑은 날씨와 같아서 처음에는 좋은 줄 알지만 나중에는 그것을 당연한 것으로 받아들인다. 대부분의 사람들은 친절해야 한다는 생각 때문에 거절을 잘 못한다. 이런 사람은 모든 사람의 마음에 들려고 노력하기 때문에 자신은 항상 공허하다.

한없이 맑고 깨끗하기만 해서는 세상을 살아갈 수 없는 법이다. 항상 착할 수도 없고 항상 착해서도 안 된다. 모든 사람의 마음에 들고자 하면 당신은 자신의 생각대로 한 번도 살 수 없으며 결국 누구의 마음에도 들지 못한다. '거절하는 일'도 '허락하는 일'만큼이나 중요하다. 주인이 있는 집에는 다른 사람이 함부로 들어가지 못한다. 거절하지 못하면 당신의 삶은 없고, 당신은 주인이 없는 집과 다를 바 없다.

변화가 극심한 시대에 뚜렷한 주관 없이 상대방에게 질질 끌려다닌다면 몸이나 마음이 몇 개가 있어도 부족하다. 상대방의 마음이나 주위의 사정에 의지하는 사람에게는 끊임없이 불안이 따라다닌다. 스스로의 힘을 믿고, 자신의 의사에 바탕을 두고 있는 한 불안에 떨거나 상대방에게 끌려 다니는 일은 없을 것이다.

사람은 자기가 자기의 주인이 되지 못할 때 분노한다. 거절할 줄 안다는 것은 자기가 자신의 주인임을 분명히 하는 것이며, 자기의 느낌과 판단, 그리고 가치를 소중히 하고 가꿀 줄 안다는 것이다. 다른 사람에게는 한없이 좋은 사람이 의외로 식구들한테 폭군이 될 수도 있다. 거절하지 못한 뒤에 오는 자신에 대한 분노의 감정을 만만한 식구들에게 표출하는 것이다. 산에서 울지 못한 새는 물에서 우는 법이다.

친구가 술을 마시자고 할 때 마음이 내키지 않으면 거절하라. 일일이 응해주는 게 반드시 친구를 돕는 것만은 아니다. 돈을 꿔주지 않았기 때문에 친구를 잃은 예는 드물지만 꾸어준 것이 화근이 되어 사이가 나빠지는 경우는 종종 있다. 냉담한 태도를 취하여 친구를 잃는 예는 드물지만, 지나치게 친절을 보여 상대방을 버릇없게 한 것이 원인이 되어 헤어지는 경우도 종종 있다.

연락이 없던 사람이 찾아와 친한 척하면 대부분 어려운 부탁을 하기 위한 것이다. 당신의 능력 내에서 들어줄 수 있는 것이라면 선뜻 응해라. 그러나 내키지 않거나 부담스러운 것이라면 더 이상 고민하지 말고 'NO!'라고 말하라.

상대방에게 불쾌감을 안겨주지 않는 한도 내에서 '아니오'라는 말을 적절하게 사용하라. 이 단어를 배우지 못하면 당신의 시간과 돈을 타인이 소유하는 것을 방치하는 결과를 가져온다. 인생의 사소한 일에 대해서 'NO'라고 말할 수 있는 용기를 가져야만 큰일에 'YES'라고 말할 수 있는 힘이 생긴다.

유쾌한 인간관계 포인트 15
"NO" 할 줄 알아야 "YES" 도 기쁘게 할 수 있다.

물고기는 자신이 좋아하는 미끼에 걸려 죽는다. 낚싯줄에 걸려 올라오는 물고기의 입에는 반드시 미끼가 있다. 누군가 상식을 벗어난 고금리로 당신을 유혹하면 마음이 흔들리기 쉽다. 그러나 거절하라. 그것은 기회가 아니라 유혹이다. 남의 말을 함부로 믿지 마라. 항상 욕심 많은 사람들이 사기를 당한다. 사기꾼들이 그들의 약점을 교묘하게 이용하는 것이다. 순진한 비둘기는 독사의 교활함을 모른다. 착한 사람을 속이는 것만큼 쉬운 일은 없다. 착한 사람은 남의 말을 모두 진실로 받아들이는 경향이 있다. 다른 사람의 유혹을 거절하는 것보다 자신의 욕망을 꺾는 것이 더 어려운 법이다. 어떤 한 가지 사물에 마음을 빼앗기면 다른 사물은 눈에 들어오지도 않는다. 특히 그 사물이 자신의 이익과 연관되어 있으면 그런 경향은 더욱 두드러진다. 이것이 인간심리의 맹점이다.

정(情)과 이치 사이에서 갈등할 때 어떻게 처신해야 할지 정말 난감할 때가 있다. 이때 정에 치우치지 않고 냉정함을 유지하는 일이 무엇보다 중요하다. 친한 친구와 동업하다가 서로 등을 돌리거나, 동창생의 부탁을 거절하지 못해 보증을 서주었다가 자신의 전 재산을 날리는 일이 심심치 않게 일어난다. 이때 흔히 '친구에게 배신당했다'고 한다. 그러나 처음부터 자기 자신이 자를 잘못 잰 것이다. 즉, 교우관계와 사업관계는 본래 성격이 전혀 다르다. 전자는 우정의 세계이지만, 후자는 이해타산의 세계이다. 배반당하고 걷어채여 쓰러진 후에 우는 소리를 해봤자 때는 이미 늦다. 패배자의 비애를 맛보지 않으려면 상대방의 본심을 꿰뚫고 있어야 하며, 내키지 않는 일이나 체면 때문에 거절하지 못하여 나중에 땅을 치고 가슴을 치며 후회하는 일이 없어야 한다.

친구의 부탁을 거절했다가 그가 당신을 버릴까 걱정하지 마라. 그 정도로 돌아서서 당신을 찾지 않을 사람이라면 그는 처음부터 당신의 친구가 아니었다. 이 치열한 삶의 현장에서 밀려나지 않으려면 싸울 때는 싸워야 하고, 거절할 때는 거절해야 한다. 막연히 남의 기준에만 맞추려고 하면 당장에는 좋은 사람이라는 소리를 들을지는 모르지만 머지않아 자기 내면에 무수히 쌓이는 적개심을 다루기가 힘들어진다.

부탁하는 사람의 마음을 상하지 않게 하면서 내 입장을 분명히 전달하는 것은 무척이나 어려운 일이다. 사람은 누구나 자신의 속마음과 겉마음 사이에서 갈등을 느낀다. 입장이 곤란할 때는 슬쩍 말을 돌려보기도 하고, 유연하게 대처할 필요가 있다. 자신의 기분이나 감정을 있는 그대로 드러내어 상대방의 기분을 나쁘게 할 필요는 없다. 상대방의 자존심이 상하지 않으면서 내 생각을 부드럽게 표현하여 뜻을 관철시키는 방법을 터득해야 한다.

꼭 하나를 선택해야 하는 경우 불가피하게 타인의 마음을 아프게 할 수도 있다. 그러나 그것을 너무 무겁게 생각하지 마라. 당신에게 거절당한 사람은 당신만큼 오랫동안 그것을 기억하지 않을 것이고, 자기 나름의 치유방법을 알고 있을 것이다. 특히 상대가 비즈니스맨이라면 더욱 그러하다. 그에게 거절이란 페인트공이 옷에 페인트를 묻히는 것처럼 일상적인 것이기 때문이다.

자신을 지키기 위해서는 강한 사람이 되어야 한다. 그러나 거절할 때 똑소리 나게 말하지 마라. 거절의 뜻은 분명하게 전하면서 정중하게 표현하라. 너무 강한 거부와 부정의 말은 그 정당성에도 불구하고 환영받지는 못한다. 대가(大家)일수록 그 움직임이 부드럽다. 프로골퍼나 프로야구 선수의 스윙 자세를 보라. 물 흘러가듯 부드러우나 엄청난 파워를 뿜어낸다. 강함이라는 것은 딱딱한 데서 나오는 것이 아니라 유연함에서 나온다.

순진한 비둘기는 독사의 교활함을 모른다.

야구선수라고 해서 투수가 던지는 공을 다 칠 수는 없다. 자신이 좋아하는 공과 싫어하는 공이 있다. 자신이 좋아하는 공을 칠 때 안타도 나오고 홈런도 나온다.

마찬가지로 모든 사람을 기쁘게 할 수는 없다. 모두에게 착한 사람이 된다는 것은 자신에게는 나쁜 사람이 되는 것이며 모두에게 친절한 사람이 된다는 것은 자신에게는 불친절한 사람이 되는 것이다. 다른 사람들의 평가에 초연해져야 한다. 싫을 때 싫다고 말하고 원할 때는 원한다고 말해야 한다. 거절할 줄 알게 되면 우리는 소중한 시간과 에너지를 의미 있는 일에 쏟을 수 있다.

착한 아이 콤플렉스는 '타인으로부터 착한 아이라는 반응을 듣기 위해 내면의 욕구나 소망을 억압하는 말과 행동을 반복하는 심리적 콤플렉스'를 뜻한다. 과거에 내가 그랬었다. 어렸을 때부터 '착하다' '모범이 된다'는 말을 많이 들으면서 자라다 보니 내가 하고 싶은 대로 해보지 못하고 착하고 모범이 되는 행동을 하면서 살았다. 표창장에 단골로 나오는 '타의 모범'이라는 것에 발목이 잡혀 항상 다른 사람의 눈을 의식하며 학창 시절을 보냈다.

성인이 되어서도 거기에서 벗어나지 못했다. 데이트를 할 때도 '그만 헤어지자'는 말을 면전에서 하지 못해 장문의 편지로 이별을 고해야 했다. 친한 사람은 물론 보험이나 외판원이 판매하는 물건을 거절하지 못하여 사고 난 후에 후회한 적도 많았고, 정작 내가 필요한 것은 부탁하지도 못하고 마음만 태우는 일이 많았다. 그 콤플렉스에서 벗어나는데 반평생이 걸렸다.

불혹의 나이가 되었을 때 나 자신을 돌아보니 내 안에 나는 없었고 수많은 타인의 그림자만 있었다. 많은 사람에게서 좋은 소리를 듣는 것보다 자기 자신으로 살아가는 것이 더 중요하다는 것을 늦게 깨달았다.

내 철학이 없으면 사회가 만든 규범대로 살아가거나 타인의 생각을 의식하며 살아가기 쉽다. 그래서 무엇을 하더라도 다른 사람이 나를 어떻게 볼 것인가를 먼저 생각하고, 타인의 태도에 쉽게 흔들리거나 상처를 받는다. 나 자신으로 살기 위해서는 내 욕망에 충실해야 하며 내 욕망이 타인의 욕망과 충돌할 때에는 내 욕망에 손을 들어줄 수 있어야 한다. 물론 타인에 대한 배려와 사랑도 필요하지만 그보다 더 중요한 것은 나 자신이다.

우리는 모든 사람에게 좋은 사람이 될 수도 없고, 항상 좋은 사람이 될 필요도 없다. 내 욕망에 충실하면서 좋은 사람에게는 좋은 사람이 되어야겠지만 나쁜 사람에게는 나쁜 사람이 될 수 있는 용기가 있어야 한다.

무엇보다 사회가 만들어 놓은 '착한 아이 가면'을 벗어버리고 나의 감정과 욕구를 소중히 여겨야 한다. 타인에게 좋은 이미지를 주는 것도 중요하지만 나 자신에게 좋은 사람이 되려고 노력하는 것이 더 중요하다. 그렇게 하는 것이 결과적으로 타인에게 더 좋은 이미지를 심어준다. 사람들은 스스로 당당한 사람에게 더욱 끌리기 마련이다.

사람이 너무 엄격하면 주위에 사람이 없지만 그렇다고 너무 착하면 정체가 드러난 허수아비처럼 참새가 마음 놓고 찾아온다. 까칠한 사람에게는 그에 맞는 대우를 해주지만 착한 사람에게는 너무 쉽게 대하려는 경향이 있다. 심지어는 다른 사람의 봉이 되기도 한다.

착하게 살되 너무 순진하게 살지 마라. 나이가 들어도 순수하게 사는 것은 좋은 일이지만 너무 순진하게 사는 것은 좋지 않다. 까마귀 속의 백로를 보라. 까맣게 물든 세상에서 살려면 자신도 어느 정도 까만 물이 들어야 한다. '인간성이 좋은 사람' '법 없이도 살 사람'이란 말을 듣기를 원하지 마라. 그 말은 당신은 아무렇게나 대해도 좋은 사람이고, 당신에게는 법대로 하지 않아도 된다는 뜻도 된다.

순수하다는 것은 맑고 깨끗한 것이지만 순진한 것은 세상물정을 모르는 것이다. 장미에 가시가 있어도 장미의 아름다움이 반감되지 않는 것처럼 우리는 기본적으로는 착하게 살면서 상황에 따라서 임기응변의 능력도 갖추고 있어야 한다. 그래야 착함이 더욱 빛날 수 있다.

유쾌한 인간관계 포인트 17
내 욕망과 타인의 욕망이 부딪치면 내 욕망에 손 들어주기

대부분 거절당하면 실망과 분노의 마음이 생기기 마련이다. 한 번 돌아선 사람의 마음을 붙잡는다는 것은 여간 어려운 일이 아니다. 부탁했는데 거절당했거나 불쾌한 경험이 있더라도 미워하거나 복수하지 마라. 그를 향한 분노의 불길은 그를 태우기 전에 먼저 나 스스로를 태우게 되며, 그 불꽃이 뜨거울수록 떠난 사람은 더욱 멀어진다.

반대로 거절한 사람이 당신에게 죄의식을 느끼도록 오히려 좋은 관계를 지속하려고 애써라. 그들은 언젠가 그 미안함을 갚는다. 호의가 갚아야 하는 빚인 것처럼 거절 역시 미안함을 빚지고 있는 것이다. 이것이 상호성의 원칙이다. 이 원칙을 주변 사람들에게 적용해보라. 고객, 애인, 배우자와 가끔씩 벌어지는 하찮은 말다툼에서 져줘라. 그러면 다음 싸움에서 당신이 이길 가능성이 크다. 이는 작은 것을 주고 큰 것을 얻는 지혜이기도 하다.

북풍과 태양의 나그네 외투 벗기기 내기를 생각해보자. 겉으로 보기에는 북풍이 이길 것 같지만 실상은 그렇지 않다. 바람이 세차게 불수록 사람들은 외투 깃을 더욱 여미고 단추를 단단히 채운다. 그러나 태양은 외투 자락 하나 흔들 만한 힘이 없지만 그 빛의 열기는 스스로 외투를 벗게 할 만큼 강렬하다. 이것이 바로 우리가 잘 알고 있는 햇볕정책이다.

나보기가 역겨워

가실 때에는

말없이 고이 보내 드리오리다

영변에 약산 진달래꽃

아름 따다 가실 길에 뿌리오리다

가시는 걸음걸음

놓인 그 꽃을

사뿐히 즈려 밟고 가시옵소서

나보기가 역겨워

가실 때에는

죽어도 아니 눈물 흘리오리다

김소월의 〈진달래꽃〉은 시적 의미가 아니라 삶의 전략적 가치로서도 음미해볼 만한 작품이다. 당신을 버리고 가는 임에게 소금을 뿌리고 저주를 퍼붓고 싶은 마음이 굴뚝같을 것이다. 아니면 아리랑 가사처럼 "나를 버리고 가시는 임은 십리도 못 가서 발병 난다"고 푸념이라도 하고 싶을 것이다. 그렇게 하면 속은 후련할지 모르지만 당신에게 아무 도움이 되지 않는다. 그 대신 마음을 바꿔, 떠나는 임의 발길에 진달래꽃을 뿌려보라. 나를 버리고 떠나는 임에게 꽃을 뿌려준다는 것은 단순한 자기희생이나 부덕(婦德)을 나타내는 것은 아니다. 그것은 이별에 대한 일종의 전략이다. 떠나는 임의 앞을 막아서거나 뒤에서 붙잡는 것은 북풍의 전략이므로 마음의 깃이 한층 더 세워지고 그 단추는 굳게 잠길 것이다. 그러나 진달래꽃을 뿌리는 햇볕정책은 마음을 덮은 외투자락을 벗길 수도 있다. 그래서 떠나던 발길을 멈추고 다시 나에게로 돌아오게 할 수도 있는 것이다. 이것이 한 단계 높은 삶의 전략이다.

만약 고객이 찾는 물건이 당신 가게에 없다면 어떻게 하겠는가? "지금 없으니 다음에 오라"고 할 수도 있지만 당신과 경쟁자이기도 한 옆집으로 안내할 수도 있다. 만약 당신이 친절하게 옆집으로 안내해준다면 그 고객은 당신의 친절에 감동받아 당신의 평생 고객이 될 수도 있다. 이런 친절이 떠나는 임에게 뿌려주는 진달래꽃이다.

가신 임의 발길을 돌리게 한 또 다른 이야기에 귀를 기울여보자.
유명한 한 식품회사의 경영자가 어느 날, 지난 20년간 긴밀한
협력관계를 유지해오던 고객으로부터 한 통의 전화를 받았다.
그 고객은 "앞으로 비록 품질이 좀 떨어지기는 하지만 값이 더
싼 회사의 제품을 구매하고자 한다"면서 유감의 뜻을 전했다.
그때 그 식품회사의 경영자는 조금도 불평하지 않고 상대방의
입장을 이해해주면서 대화를 나누는 내내 정중하고 예의 있는
태도를 취했다. 통화를 끝낸 후 그는 근사한 꽃다발을 들고 고
객에게 달려갔다. 그리고는 꽃다발을 내밀면서 20년 동안 서로
기분 좋게 협력해올 수 있었던 것에 진심으로 고마움을 표했
다. 그 고객은 마치 벼락이라도 맞은 것처럼 멍해질 수밖에 없
었다. 그로부터 3개월 후, 그 고객이 다시 전화를 걸어왔다. 그
리고 다음과 같이 말했다.

"저희 회사의 경영진들은 오늘부터 다시 귀사의 제품을 구매
하기로 결정하였습니다. 비록 다른 회사 제품이 싸기는 하지만
인간적인 면에서 그 회사는 귀사에 비한다면 도저히 참기 힘들
정도입니다."

이 회사가 이런 결과까지 예상하여 그렇게 했는지는 모르겠지
만 최소한 감사 표시를 함으로써 자사의 이미지를 업그레이드

한 것만은 분명하다. 그 고객은 가는 길에 뿌려준 진달래꽃을 밟고 가다 돌아온 것이다. 진달래꽃을 뿌리는 것은 최소의 비용으로 큰 보험을 드는 것과 같다. 사람의 일이란 언제 어떻게 바뀔지 아무도 모른다. 다시는 보지 않을 사람이라고 함부로 행동해서도, 바로 눈앞의 일만을 생각해서도 안 된다. 세상은 넓고도 좁다. 떠나는 임의 발길에 꽃을 뿌려라. 그러면 그 꽃을 밟고 떠난 임이 다시 올지 누가 아는가? 안 오더라도 크게 잃을 것은 없다. 지금은 헤어졌지만 한때는 나를 사랑한 사람에게 나쁜 이미지를 주는 것보다는 마지막까지 좋은 이미지를 심어주는 것은 상대방을 위한 행동이기도 하겠지만 궁극적으로는 나 자신을 위한 행동이다.

유쾌한 인간관계 포인트 18
떠나는 임의 발길에 꽃잎을 뿌려줄 줄 알아야 한다.

내 안의
무서운 적을
다스리는 힘

가장 무서운 적은 외부의 적이 아니라 내 안에 있는 적이다. 독안의 쥐는 잡기 쉬워도 내 안의 적은 잡기 어렵다. 눈에 보이는 적은 잡을 수도, 피할 수도 있지만 내 안의 적은 그럴 수가 없다.

내 안의 적은 내가 만든 것이다. 내가 만든 것이 나를 괴롭힐 때가 가장 힘들다. 다른 사람은 나를 도와줄 수는 있어도 대신 싸워줄 수는 없다. 적을 만든 것도 나 자신이며 적을 다스려야 하는 것도 나 자신이다.

나의 적이 나를 괴롭히고 있다고 생각하지만 다시 생각해보면 적은 나를 위해 있는 것이다. 용기가 필요할 때는 두려움을, 나를 지켜야 할 때는 화를, 결단력이 필요할 때는 게으름을, 날카로운 이성이 필요할 때는 의심을 하게 만들었다. 내 안의 적은 나를 괴롭히기 위해 있는 것이 아니라 나를 더욱 강하게 만들기 위해 있는 것이며, 잘 다스리면서 나와 함께 같이 가야 할 평생 동지다.

꾀꼬리는 울 때 특성이 나타나고 공작새는 날개를 펼 때 아름다움이 드러나는 법이다. 사람은 화가 났을 때 어떻게 행동하느냐에 따라 인격이 드러난다.

인간은 참아야 할 때 참을 줄 알고 참아서는 안 될 때는 노도와 같이 대항해야 하는데, 어떤 경우 어떤 상황에서도 참아야 한다는 것은 감정을 가진 인간으로서는 어려운 일이거니와 언젠가 엉뚱한 곳에서 폭발하기 쉽다. 참아야 할 때 참는 것만이 진정한 인내이며 용기이다. 분노의 감정에 가득 찬 무기력한 인간은 도태되고 만다. 사나이는 혼자서 조용히 분노의 감정을 불살라야 한다. 분노를 터뜨릴 때는 야금야금 내뱉어서는 안 된다. 차분히 발효시키다가 단숨에 폭발시켜야 한다. 그때를 대비하여 화낼 줄 아는 기술을 배워야 한다. 가능하면 분별 있게 생각하여 천한 분노 같은 것은 내지 마라. 누구나 분노할 권리는 있으나 타인을 무자비하게 대할 권리는 없다. 물론 수양이 되지 않은 사람에게는 쉬운 일이 아니다.

사람 사이에 관계를 맺어감에 있어 감정을 적당히 조절할 줄 알고 엄격한 면과 부드러운 면을 동시에 겸비하여 분별 있게 행동하는 사람이 성숙한 사람이다.

까다로운 사람들은 마음속에 감정을 쌓아두지 않는다. 자신이 어떤 상태인지, 기쁜지, 슬픈지, 화가 나는지, 짜증이 나는지 솔직하게 표현한다. 반면 착한 사람은 다른 사람이 마음에 안 들어도 갈등과 긴장이 두려워서 가슴속에 하고 싶은 말을 다 하지도 못하고 누르면서 살아간다. 남의 기준에 모든 것을 맞추려고 하다 보면 자기 속에 무수히 쌓이는 분노를 다루기 힘들어진다.

정말 착한 사람은 그렇게 살아도 문제가 없다. 그러나 대부분의 사람들은 착한 사람으로 보이기 위해 노력할 뿐이지 실제는 착하지도 악하지도 않은 보통 사람들이다. 착한 사람으로 보이는 사람은 겉으로는 온화한 것처럼 보이지만 속에서는 불이 타고 있다. 감정을 누르고 있지만 내면에 감정의 응어리를 풀지 못해 고통을 받는다. 눈도 많이 쌓이면 가지가 부러지는데 마음에 화가 쌓이는데 어찌 아무 일이 없을까. 그래서 병이 나는 것이다. 분노의 감정을 좀처럼 표현하지 않는 착한 사람들은 자신의 감정을 어느 정도 밖으로 표출해야 한다. 그것이 자신을 사랑하는 길이다.

상대에게 할 말이 있는데도 참는 것은 좋지 않다. 참다가 한꺼번에 폭발하는 경우가 있다. 폭발할 때까지 욕구나 불만을 쌓아두는 것은 상대를 배려하는 게 아니라 상대를 당황하게 만든다. 평상심에서 상대에게 내가 원하는 것을 당당히 전달함으로써 마음이 더 이상 불편하지 않게 만들어야 한다.

반면 자기 마음속에 있는 말을 다 내뱉고 나서 "나는 뒤끝이 없는 사람"이라고 말하는 것처럼 무책임한 사람도 없다. 자신은 하고 싶은 말을 다 했으니 속이 시원할지 모르겠지만 상대는 얼마나 상처를 받았는지 한번쯤 생각해봐야 한다. 하고 싶은 말의 3분의 1 정도는 남겨두어야 한다. 먹고 싶은 대로 다 먹으면 위장이 힘들고, 하고 싶은 대로 다 말하면 상대가 힘들어진다.

신경과학이나 생리학 분야에서 사용되는 말로 일정한 반응을 이끌어내는 데 필요한 최소 자극량을 뜻하는 '역치(閾値)'라는 단어가 있다. 화는 역치에 도달하기 전에 멈추어야 한다. 역치에 도달하면 자신의 통제력을 벗어나 어떤 돌발사태가 발생

할지 모른다. 이 단계에서는 이성적인 인간이 감정적인 인간으로, 인간에서 동물로 변한다. 그 순간은 인간의 영혼이 잠시 실종된 상태다. 꿈을 꾸고 있는 사람은 자신이 꿈속에 있음을 모르듯이, 화가 치밀어 오른 사람은 자기가 화를 내고 있다는 사실을 모른다. 만약 꿈속에서 자신이 꿈을 꾸고 있다는 사실을 안다면 더 이상 두려워하지 않고 잠에서 깨어날 것이다. 마찬가지로 자신이 화를 내고 있다는 사실을 인식한다면 그 순간 불구덩이 속에서 자신을 태우고, 그 불로 상대방을 태우려 하고 있다는 것을 알 수 있을 것이다. 그 순간 꿈꾸던 사람이 잠을 깨듯이 자신도 그 불속에서 빠져나올 수 있을 것이다.

인간이 인간으로 진화하기 위해서는 몇 만 년의 세월이 필요했지만 인간이 짐승으로 돌아가는 데는 한순간이다. 생각도 하지 않고 다 말해버리면 안 된다. 말을 할 때는 상대를 생각해가면서 해야 한다. 분노하는 것이 합당할 때조차도 분노는 많은 것을 잃게 한다. 분노가 상처를 감추기 위한 수단이라면 폭력은 바보들이 사용하는 무기이다. 거칠다고 다 강한 것은 아니다. 약함을 숨기기 위해 난폭해져서는 안 된다. 강한 사람은 물리적인 힘에 의존할 필요가 없다.

인간이 겪는 대부분의 불행은 자제력 부족에서 온다. 어떤 경우라도 마지막 말을 던져서는 안 된다. 혀는 무서운 독사와 같고, 타오르는 불과 같다. 상대방이 가슴에 깊이 꽂히는 비수와 같은 말을 하고 싶은 충동이 들 때에는 긴 호흡을 내쉬고 한 번만 더 생각하라.

분노가 치밀어 오를 때에는 억지로 누르려고 하지 마라. 이는 빙판길을 운전할 때 브레이크를 밟는 것과 같다. 대신 분노가 올라오고 있다는 사실을 알아차리면서 그것을 끝까지 놓치지 않아야 한다. 이는 핸들을 얼음판에 빼앗기지 않는 것과 같다. 그 화가 어떤 결과를 가져올지 통찰하고 어디서 그 분노를 멈춰야 할지를 생각해보라. 내가 멈출 수 있는 만큼만 나아가라. 관성의 법칙에 의해 움직이는 것을 멈추는 일은 어렵다.

1984년 LA올림픽 유도 무제한급 결승전에서 일어난 일이다. 일본 선수가 결승까지 올라오면서 발목에 부상을 당했다. 상대 선수인 이집트의 라시만 선수는 그 사실을 알고도 결승전에서 발목을 공격하지 않았고, 결국 한 판으로 지고 말았다. 일본 선수가 불구가 되는 것을 볼 수 없어서 발목 공격을 안 하고 상체만 공격한 것이다. 개인과 조국의 영광을 저버린 이 선수의 행동을 칭찬하려는 것은 아니다. 승부의 세계에서 지나친 동정은 금물이지만 상대의 치명적인 약점을 건드리지 않은 정신은 높이 살 만하다. 당신은 지금 올림픽에 출전한 선수도 아닌데 그렇게까지 잔인할 필요가 있을까 생각해보라.

말 한마디로 상대방을 꼼짝 못하게 할 상황까지 몰아갈 수도 있지만 그래도 참아야 한다. 자존심에 상처를 받은 사람은 피를 흘리는 사자처럼 당신에게 달려들 것이다. 당신이 살아온 순간들을 돌이켜보라. 해야 할 말을 못한 것에 대한 후회보다 해서는 안 될 말을 해버린 것에 대한 후회가 더 많을 것이다.

화는 역치에 도달하기 전에 멈추어야 한다.

작은 시냇물은 요란하게 흐르지만 큰 강은 소리 없이 흐른다. 그릇이 작으면 소리가 높고 그릇이 크면 소리가 낮은 법이다. 이것이 음향의 법칙이다. 사람도 이와 같아서 그릇이 작을수록 큰 소리를 내고 그릇이 클수록 작은 소리를 낸다. 싸움에서 목소리가 커지면 지는 것이다. 절대 냉정을 잃지 마라. 어떤 상황에서도 격분하는 허점을 보여서는 안 된다.

니체는 이렇게 말했다.

"가장 조용한 말이 폭풍우를 몰고 오며 비둘기 걸음으로 오는 사상이 세계를 움직인다."

작은 소리로 설득할 수 없다면 아무리 큰 소리로 외쳐도 설득시킬 수 없다. 목소리가 커진다는 것은 오히려 당신이 그것 외에는 별로 내세울 게 없음을 증명하는 것밖에 되지 않는다. 부드럽게 말하라. 그래도 세상을 바꿀 수 있다. 조용히 말해도 그 말에 무게가 실리면 다른 사람들이 다 알아듣는다. 화내는 말에는 무게가 없다. 사자는 웃고 있어도 여우가 인상 쓰는 것보다 더 무섭다. 힘 있는 사람은 조용히 말해도 크게 전달된다.

화내는 일은 무서운 결과를 불러오는 원인이 될 뿐만 아니라 이성의 통제에서 벗어나 자신을 폭발시키는 감정에 스스로를 내맡기는 것과도 같다. 부처님의 말씀처럼 "몸은 마른 나무 같고 노여움은 불길과 같으니 노여움이 일어나면 남을 태우기 전에 먼저 자신부터 태운다." 밖에서 타는 불길은 물로 끌 수 있지만, 안으로 타오르는 불길은 외부의 어떤 것으로도 끌 수가 없다. 보이는 적은 무섭지 않으나 보이지 않는 적이 더 무서운 법이고, 가장 이기기 어려운 적은 바로 자기 자신이다. 모든 것을 다 이기고도 자기 자신을 이기지 못하면 파멸하고 만다. 모든 것에서 다 지고도 자기 자신을 이길 수만 있다면 그는 세상을 지배하는 것보다 더 위대하다.

인간관계에서는 싫다는 감정을 밖으로 너무 내보이지 않는 것이 좋다. 어떤 타입의 상대도 받아들일 만큼 포용력을 가져야 한다. 혹 당신을 비꼬는 듯한 말을 들으면 못 들은 체하거나, 그렇게 할 수 없을 때는 동료의 웃음에 동참하고 비꼰 내용을 인정하면서 무던하게 넘어가는 것이 좋다.

대화도 잘 풀리는 상대가 있고 잘 풀리지 않는 상대가 있다. 대화에는 그 사람의 인격이 다 드러난다. 쓸데없는 질문에는 대답하지 말고 시원찮은 대답을 하는 상대에게는 질문하지 않는 편이 더 낫다. 저속한 이야기에는 아예 듣지 말고 말꼬리를 잡는 상대와는 이야기하지 않는 게 현명하다. 절대로 같은 말투로 반박해서는 안 된다. 그건 자기가 상처받았음을 인정하는 것과 마찬가지다. 자제력을 충분히 갖춘 사람은 다른 사람의 냉소적인 반응이나 비판에 영향을 받지 않으며, 자신에게 동의하지 않는 사람을 미워하지도 않는다.

당신이 세상에 대해서, 다른 사람에 대해서 화가 날 때는 간디의 이 말을 생각하라.

"그대에게 잘못이 없다면 화를 낼 이유가 없다. 만일 그대가 잘못을 했다면 화를 낼 자격이 없다."

유쾌한 인간관계 포인트 20
그릇이 작을수록 큰 소리를 낸다.

두 사람이 한 가지 사물을 바라보면서도 보는 시각이 완전히 다를 수 있다. 이 세상을 흑백논리로만 보아서는 안 된다. 삶이 서로 반대되는 두 가지로만 이루어져 있다고 생각하면 너무 극단적으로 치우쳐 그 사이에 존재하는 수많은 대안들을 찾을 수 없다. 흑과 백 사이에 수많은 회색이 있다는 것을 아는 사람이 행복해질 수 있다.

타인에게 나와 동일한 잣대를 들이대서는 안 된다. 타인이 나를 위해 존재하는 것은 아니다.

《논어》에 '군자인생삼락'이 나온다. 그 중 "사람들이 알아주지 않아도 화내지 않으니 어찌 군자라 아니하겠는가!(人不知而不慍 不亦君子呼)"라는 말처럼 다른 사람들에게 기대하지 않는다면 화를 내지 않을 것이다. 나도 내가 원하는 인간이 될 수 없는데 어떻게 다른 사람이 내가 바라는 것을 다 갖춘 사람이 될 수 있다고 기대하는가.

삶은 합리적이지 않고 상대는 이성적이지 않다. 이것만 이해한다면 우리에게 일어나는 비합리적이거나 비이성적인 일들에 대해 화를 내지 않을 수가 있다. 비이성적인 상대의 행동을 통제하는 것보다 그것에 대한 나의 반응을 통제하는 것이 더 효과적이다. 특히 남녀는 태생적으로 생각이 다르다. 남자는 필요한 물건을 비싸게 사고, 여자는 불필요한 물건을 싸게 산다. 남자는 상대가 상식에 벗어나는 행동을 할 때 화를 내지만 여자는 자기의 생각에 벗어나는 행동을 할 때 화를 낸다.

운명은 사람을 차별하지 않는다. 다만 내가 운명을 무겁게 느끼기도 하고 가볍게 여기기도 할 따름이다. 운명이 무거운 게 아니라 그것을 대하는 나 자신이 약한 것이다. 인간은 이미 벌어진 일 때문에 고통을 받는 게 아니라 그 사실에 대한 자신의 의견으로 말미암아 고통을 당한다. 다른 사람의 행동이나 말 때문이 아니라, 자신의 태도와 반응에 의해 마음의 상처를 받는다. 기분이 상하거나 불쾌한 감정을 느끼는 것은 전적으로 나의 선택에 달려 있으며 내가 최종적으로 선택한 것이 밖으로 표현되는 것이다.

환경이 영향을 미친다고 하지만 어떤 사람이 되는가 하는 것은 오로지 내 책임이다. 은행 강도가 들어서 팔에 총을 맞았을 때 끔찍한 일이라고 생각하며 비통해하는 사람도 있겠지만 죽지 않아서 참 다행이라고 느끼는 사람도 있다. 전쟁에서 부상을 당해 휠체어 신세로 돌아와 마약에 빠져들고 스스로 자학하는 군인이 있는 반면, 같은 전쟁에서 동일한 상황에 처한 다른 군인은 재향군인회장이 되기도 한다. 자극이 동일하더라도 반응하는 방식에는 차이가 있다. 생각의 차이가 이렇게 다른 결과를 만든다.

텍사스 주에 이런 속담이 있다고 한다.
"젖소를 잃어버리지만 않는다면 우유를 아무리 많이 엎질러도 괜찮다."
세상만사 생각하기 나름이다. 쏟아진 우유만 바라보고 있으면 비참한 기분이 들겠지만 아직도 내겐 젖소가 있다는 사실을 생각하면 툴툴 털고 다시 시작할 수 있다.
스트레스는 다른 사람이 주는 것보다 나 스스로 만드는 게 더 많다. 우리가 아무리 발버둥쳐도 우리의 힘으로는 상황이나 환경 그리고 타인을 변화시킬 수 없다는 사실을 명심해야 한다. 이 세상을 주단으로 끼는 것보다 내가 운동화 하나 사서 신는 게 더 쉬운 것처럼 그것들에 대한 우리의 마음가짐을 바꾸는 것이 훨씬 쉽다.

화를 내는 것도 선택이다. 선택의 갈림길에 섰을 때 처음의 선택이 중요하다. 우리의 삶은 매 순간 선택의 연속이다. 장미꽃에도 가시가 있다. 꽃을 보면 장미화원이 되지만 가시만 보면 가시덤불이 된다. 무엇을 보느냐 하는 것은 우리의 선택이다. 잘못된 감정의 선택은 시간이 지나면서 가속되어 되돌리기 어렵다. 그러므로 항상 좋은 것을 먼저 선택하라. 나쁜 선택은 나중에 해도 늦지 않다.

유쾌한 인간관계 포인트 21
자극이 동일하더라도 반응하는 방식에는 차이가 있다.

인간관계는 매우 긴밀하고 화기애애한 것 같아도 한순간에 서
먹해질 수 있다. 애들은 싸우고도 금방 화해하지만, 어른들은
한 번 감정이 뒤틀어진 후 관계가 평생 끊어질 수도 있다. 검은
콩 한 말과 흰콩 한 말을 섞는 데는 한순간이지만 다시 원래대
로 돌리려면 반나절이 걸려도 부족하다. 신뢰를 쌓는 데는 여
러 해가 걸려도 무너지는 것은 순식간이다. 순간적으로 화가
난 상대방의 마음을 해칠 수도 있는 말을 내뱉어 우정이 깨질
수도 있다. 말은 화살과 같아서 일단 뱉으면 다시 거두어들이
는 것이 불가능하다. 그러니 말은 항상 병사들이 무기를 다루
듯 조심해야 한다.
비 온 뒤에 땅이 더 단단하게 굳듯이 서로 다툰 후에 화해하면
오히려 인간관계가 더욱 견고해지는 것 아니냐고 말할지 모르

겠다. 그것은 사람들이 싸운 뒤에 화해하는 명분을 주기 위해 그런 지혜로운 생각을 한 것이다. 다툴 때에는 관계가 끝장날 수도 있다는 것을 염두에 두어야 한다.

혀는 칼에 비유되기도 한다. 주의해서 다루지 않으면 상대방에게 상처를 줄 뿐만 아니라 나도 상처를 입게 된다. 유사 이래 총칼에 맞아 상처 입은 사람보다 말(言)에 상처 입은 사람이 더 많다. 능숙한 칼잡이가 돼야 한다. 훌륭한 칼잡이는 정말로 필요한 때 외에는 칼을 빼지 않는다. 특히 화났을 때 내뱉는 말에 극도로 신중해야 한다. 그때는 어떤 말을 해도 좋은 말이 나오지 않는다. 화가 난 상태에서 하는 말은 순간적인 만족을 얻을지는 모르지만 그보다 훨씬 더 큰 대가를 치르게 될 것이다.

상대방이 화가 나서 내뱉는 말에 대꾸하지 마라. 말다툼은 언제나 여기서 시작된다. 이는 테니스에서 강하게 넘어오는 공은 라켓을 갖다 대기만 해도 되는 것을 강하게 받아치면 오히려 엉뚱한 곳으로 튀는 것과도 같다. 상대방은 그 말을 뱉는 순간 후회하고 있을지도 모른다. 그러나 자존심 때문에 사과는 할 수 없다. 활활 타오르는 불길에는 어떤 것을 넣어도 다 태워버리듯이 이럴 땐 건드리면 터진다. 그때 건드리지 않으면 더 큰 싸움으로 번지는 것을 막을 수 있으며, 참는 순간 당신이 이긴 것이다.

스스로 감정을 관리하는 지혜를 발휘하여 최대한 참는 것이 인간관계의 근본이다. 사람은 가장 사랑하는 사람한테서 가장 큰 상처를 받는다. 타인에게는 상처를 줄 이유도 받을 이유도 없다. 마음속에 있는 말을 다하지 마라. 좀 부족한 것 같을 때 멈춰라. 그리고 내가 한 말에 반드시 답변을 들어야 한다고 생각하지 마라. 상대방이 내 말에 대답하지 않을 때는 다 이유가 있다. 나에게 상처받은 상대방이 마음을 가라앉히기 위해 호흡을 가다듬고 있을 수도 있고, 그냥 내뱉으면 나의 마음에 상처를 줄 것 같아 좀 더 부드러운 말을 찾고 있을 수도 있다. 이럴 때는 그냥 내버려두는 것이 좋다.

유쾌한 인간관계 포인트 22

유사 이래 총칼에 맞아 상처 입은 사람보다 말에 상처 입은 사람이 더 많다.

마음은 수백 개의 채널이 있는 TV와 같다. 내가 선택하는 채널대로 순간순간의 내가 존재한다. 어떤 생각이 마음속에 불쑥 들어오는 것을 막을 도리는 없다. 그것은 나의 의지와 관계없이 일어나는 일이다. 그러나 우리가 원하지 않는 프로그램은 즉시 채널을 다른 곳으로 바꾸듯이 내가 원하지 않는 생각이 떠오르면 생각을 바꿀 수 있다.

어떤 생각이 내 마음속에 오래 머물게 하느냐 마느냐는 나의 의지에 달렸다. 좋은 생각이 들면 좋은 손님을 붙잡듯이 하고, 내가 원하지 않는 생각이 줄곧 떠오를 경우 반갑지 않은 손님을 대하듯 하라. 나쁜 생각이 들 때 억지로 내쫓으려고 하는 것은 반갑지 않은 손님을 억지로 떠미는 것과 같다. 그런다고 얌전하게 나가지 않는다. 그럴 경우에는 오히려 그가 하는 대로 가만히 지켜보고 있는 게 좋다. 반갑지 않은 손님은 관심을 가지지 않으면 제풀에 지쳐서 나간다. 나쁜 생각도 혼자 내버려두면 곧 사라져버린다.

뇌과학자들에 따르면, 분노의 감정은 겨우 90초 정도 밖에 머무르지 않는다고 한다. 분노의 감정이 불처럼 일어나더라도 가만히 두면 흙탕물이 가라앉는 것과 같이 스스로 가라앉는다. 계속 분노의 불길에 휩싸이는 것은 내가 불길에 장작을 던져 넣기 때문이다.

그러면 분노의 원인이 되는 스트레스를 받지 않고 살 수는 없을까? 스트레스는 피할 수 없는 것인가?

우선 스트레스에 대한 생각부터 바꿀 필요가 있다. 과도한 스트레스가 나쁜 것이지 스트레스가 다 나쁜 건 아니다. 현악기의 줄은 적당히 당겨져야 아름다운 소리가 나고, 밭에 뿌린 씨앗도 흙을 적당히 덮어줘야 싹이 돋아나듯이 적당한 스트레스가 있어야 삶에 활력이 생긴다. 일상에서 스트레스를 받지 않아야 한다는 강박관념이 더 큰 스트레스가 될 수도 있다.

스트레스는 환경도 중요하지만 같은 상황이라도 사람에 따라 다르다. 비가 오면 구질구질해서 싫다는 사람이 있는가 하면, 빗소리를 들으며 책을 보거나 음악을 즐기는 사람도 있다. 눈이 오면 아이처럼 좋아하는 사람도 있지만 차가 밀릴 것을 걱정하는 사람도 있다. 스트레스는 객관적인 상황 때문이 아니라 내 마음 상태 때문에 생기는 것이다. 작은 그릇은 물을 조금만 부어도 넘치지만 큰 그릇은 좀처럼 넘치지 않는다. 유리컵은 쉽게 깨지지만 플라스틱 컵은 그렇지 않다.

살다 보면 세상에서 날아오는 돌멩이가 무수히 많다. 그 때마다 마음에 상처를 받아야 할 것인가. 세상의 돌멩이를 다 없앨수도 없고 수시로 날아오는 돌멩이를 다 피할 수도 없다. 그러면 어떻게 해야 세상으로부터 나를 지킬 수 있을 것인가. 그것은 바로 나 자신을 깨지지 않는 큰 그릇으로 바꾸는 것이다. 환경을 바꿀 수 없으면 나를 바꾸는 것이 지혜로운 사람이다.

오리는 물속에서도 젖지 않고 연꽃은 진흙 속에서도 더러워지지 않는다. 직장 상사가 스트레스를 준다고 직장을 바꾸는 것은 옳은 선택이 아니다. 그런 사람은 다른 곳으로 옮겨도 마찬가지다. 사람 사는 곳은 어디나 비슷하다. 나 자신을 스트레스에 견딜 수 있는 사람으로 만드는 게 중요하다. 우리 몸이 외부의 수많은 병균으로부터 공격받지 않으려면 몸속에 항체가 있어야 한다. 차에 에어백을 장착하는 것처럼 우리의 마음에도 에어백이 필요하다.

세상에는 좋고 나쁨이 없으며, 선과 악도 절대적인 것이 아니라 내가 어떻게 보느냐에 따라 달라질 수 있다. 스트레스는 다른 사람이 주는 게 아니라 내가 만드는 것이며, 스트레스는 무조건 피해야 할 것이 아니라 살아가면서 친구처럼 항상 같이 다니는 것이라는 걸 알면 지금 받고 있는 스트레스의 반은 없어질 것이다. 이길 수 없는 적을 친구로 만들면 나의 근심은 반으로 줄고 나의 힘은 배가 된다.

유쾌한 인간관계 포인트 23
우리의 마음에도 에어백이 필요하다.

옛날에 현명한 왕이 살았다. 왕은 백성들이 너무나 많은 불만과 걱정에 휩싸여 있다는 것을 알고 좋은 해결방안을 생각해냈다. 고민 있는 백성들을 한자리에 모이게 한 다음 고민을 털어놓게 했다. 그런 다음 왕은 이렇게 말했다.

"너희들은 이웃의 고민을 잘 들었을 것이다. 이웃과 고민을 바꾸고 싶은 사람이 있으면 그렇게 하도록 하라."

백성들은 서로 얼굴만 쳐다보았다. 누구나 자기만큼 혹은 그이상 고민을 안고 살아간다는 것을 깨달았던 것이다. 그러자 마음이 편안해지면서 걱정이 사라졌다.

젤렌스키의 《느리게 사는 즐거움》에 이런 대목이 나온다.

"우리가 하는 걱정거리의 40%는 절대 일어나지 않을 사건들에 대한 것이고, 30%는 이미 일어난 사건들, 22%는 사소한 사건들, 4%는 우리가 바꿀 수 없는 사건들에 대한 것이다. 나머지 4%만이 우리가 대처할 수 있는 진짜 사건이다. 즉, 96%의 걱정 거리가 쓸데없는 것이다.”

우리는 하찮은 것들을 걱정하느라 소중한 현재의 시간을 허비하고 있다. 사소한 일은 걱정하지 않는 게 상책인데, 그게 말처럼 쉽지 않다. 걱정하지 않으려는 그 마음이 또 나를 괴롭힌다. 이때는 문제를 종이에 적고 봉투에 넣은 다음 나중에 읽을 날짜를 적어보라. 그 날이 되어 읽어 보면 당시에는 꽤 심각했던 문제가 사소한 것이었다는 걸 느끼게 될 것이다.

걱정하는 것도 습관이다. 걱정을 종이에 일단 적어두면 그 문제는 더 이상 마음을 괴롭히지도, 소중한 에너지를 고갈시키지도 못한다. 자연스럽게 걱정하는 습관이 없어진다. 그리고 나중에는 종이에 적는 게 귀찮아 걱정을 거의 안 하게 된다. 세월이 흐르면, 막연하게 걱정하는 일들이 나에게 거의 일어나지 않는다는 것을 비로소 알게 된다. 살면서 걱정할 것이 생기면 이렇게 생각하라. ‘걱정한다고 해결될 일이면 걱정도 아니다. 걱정은 되지만 걱정하지 않는다’라고!

유쾌한 인간관계 포인트 24
걱정하지 않으려는 그 마음이 나를 괴롭히지 않도록!

우리는 살아가면서 미지의 것에 대한 두려움, 타인의 행동이나 반응에 대한 두려움, 고통이나 굴욕에 대한 두려움, 건강이나 경제적인 손실에 대한 두려움 등 무수히 많은 두려움을 겪는다. 성욕이 종족 번식을 위해 생명체에 부여된 본능이듯이 두려움도 종족의 멸종을 막기 위한 일종의 필수적인 안전장치다. 두려움은 실제 느끼는 것보다 상상하는 게 훨씬 더 크다. 걱정과 두려움이 전혀 없는 삶은 없겠지만 두려움의 대부분은 그 실체가 없는 것에서 비롯된다.

두려움은 비정상적인 공포이자 파괴적인 감정이다. 비정상적인 공포가 생기는 이유는 상상력을 부적합한 그림으로 그려내기 때문이다. 두려움은 실제 존재하는 것이 아니라 마음의 상태이며, 그 모든 것은 스스로가 만든 것이다.

배중사영(杯中蛇影)이라는 말이 있다. 술잔 속에 비친 뱀의 그림자란 뜻이다. 진(晉)나라에 악광이라는 사람이 있었다. 친구가 술을 한잔하고 간 뒤 발길을 딱 끊고 찾아오지 않았다. 악광은 이상한 생각이 들어 친구를 찾아갔더니 술잔 속에 있는 뱀을 마시고 나서부터 몸이 좋지 않았다고 했다. 악광이 집에 와서 살펴보니 벽에 뱀 문양이 있는 활이 걸려 있었다. 친구가 앉았던 자리에서 술잔을 보니 뱀 그림자가 비쳤다. 친구에게 그 사실을 알리자 병이 씻은 듯이 나았다고 한다. 쓸데없는 근심이 화를 부를 수 있다는 말이다.

나에게도 사춘기 때 그런 경험이 있었다. 학교에서 자습시간에 앞뒤 친구들과 한 시간 동안 대구 자갈마당에 있다는 사창가 이야기를 했다. 그런 것에 호기심이 많았던 시절이었다. 그러나 상상도 여러 번 하니 마치 내가 그곳에 간 것 같은 착각이 들었다. 상상이 상상을 부르고 그것이 실제상황처럼 느껴지면서 혼란스러웠다. 마치 내가 매독에 걸린 것처럼 몸이 근질근질했다. 당시 매독은 무서운 병이었다.
근거가 희박하더라도 그렇게 생각하면 그런 것처럼 보인다. 실체도 없고 근거도 없는 공포가 생기는 이유는 부정적인 상상을 하기 때문이다. 숲 속에 없던 길도 여러 번 가다 보면 길이 생기는 것처럼 상상도 자주 하면 실제 상황처럼 느껴진다. 신경 시스템은 상상과 실제 경험을 구분하지 못하기 때문에 그런 현상이 일어난다는 것을 나중에야 알았다. 뱀을 마셨다고 생각하면 뱃속에 뱀이 꿈틀대고 있다고 생각되며, 사창가에 가지도 않았는데 갔다고 상상을 하다 보니 실제로 간 것처럼 그런 느낌이 드는 것이다.

생각이 만들어낸 환상에 속지 마라. 자꾸 생각하면 그 생각이 현실처럼 느껴진다. 그것은 상상이 만들어내는 거짓이다. 생각이 내 안에서 일어나는 것은 어쩔 수 없다. 일어나는 생각에는 좋고 나쁜 것이 없다. 어떤 생각이든 다 들어올 수 있다. 원치 않는 생각이 일어났다고 놀라지도 마라. 대신 생각이 일어나고 머물고 사라지는 것을 강물을 바라보듯이 지켜보라. 내가 만든 생각에 놀라는 것은 내 발자국에 놀라는 것과 같다. 우리는 항상 부정적인 생각이 자리 잡기 전에 그것을 떨쳐버리고 그 자리에 긍정적인 생각으로 채워야 한다. 생각은 한 번에 한 가지만 할 수 있기 때문에 긍정적인 생각이 자리를 잡으면 다른 부정적인 생각이 밀고 들어오기 어렵다.

유쾌한 인간관계 포인트 25
두려움은 대부분 실체가 없다.

좋은 사람을 사귄다는 것은 서로에게 좋은 일이다. 사람을 사귀기 위해서는 누군가가 먼저 시도해야 하는데 사람들은 이런 면에서 대체로 소극적이다. 타인에게 먼저 다가서는 것은 낯설고 두려움이 앞서는 일이다. 먼저 접근하려면 큰 용기가 필요하다. 정말 깊이 있는 관계를 만들고 싶다면 두려워하지 말고 먼저 마음을 열고 다가가 표현하라. 그러면 그도 기다렸다는 듯이 당신에게 다정하게 대할 것이다.

사람들은 자신보다 능력이 뛰어나거나 지위가 높은 사람을 대할 때 두려워하는 경향이 있는데 이는 자연스러운 감정이다. 그러나 그 정도가 지나치면 관계에 나쁜 영향을 미친다. 심리학자들에 따르면, 대부분의 사람들은 자신을 과소평가하고 있다고 한다. 우월감을 가지고 있는 사람들도 실제로는 열등감 때문에 괴로워하는 경우가 많으며, 자신의 열등감이나 불안한 감정을 감추기 위해 의도적으로 강하게 보이려고 행동한다는 것이다.

성격이 완고하거나 의도적으로 강하게 보이려 하는 사람은 의외로 약하다고 보면 틀림없다. 그들은 겉껍질은 딱딱하지만 속에는 연약한 씨를 품고 있는 과일처럼 상처받지 않기 위해 다른 사람에게 심하게 대하는 경우가 많다. 딱딱하고 거친 사람들은 본능적으로 자신의 내면은 너무 부드러워서 보호받을 필요가 있다고 생각하기 때문에 그러한 태도를 보이는 것이다.

권위를 상징하는 사람을 존경하되 두려워하지는 마라. 존경하는 것과 두려워하는 것은 차원이 다르다. 진심을 담아 상대를 대하라. 상대방은 신이 아니라 사람이며, 내가 두려워하는 상대는 내가 생각하는 것 이상으로 관대하다. 그들이야말로 진정으로 나를 성장시키고 도와줄 수 있는 사람들이다.

학창시절에 친구의 애인 앞에서는 말이 줄줄 나오는데 정작 자신이 좋아하는 사람 앞에서는 말을 더듬었던 경험이 있을 것이다. 좋은 인상을 주는 최선의 방법은 좋은 인상을 주려고 의도적으로 노력하지 않는 것이다. 발끝으로 서면 오히려 발밑이 불안해지며, 말도 너무 잘 하려고 하다 보면 오히려 더 안 된다. 부자연스러운 행동은 오래 계속되지 못하는 법이다. 남의 마음에 드는 사람이 되겠다는 생각은 버려라. 다른 사람이 나를 어떻게 생각하고 있는지 관심을 갖기보다는 내가 스스로를 어떻게 생각하는가에 관심을 갖는 것이 더 낫다. 지나치게 상대방을 의식할 필요는 없다. 자연스러운 나의 모습을 보여주는 것이 좋은 인연을 맺는데 도움이 된다.

좋은 인상을 주려고 너무 의도적으로 노력하지 않아도 좋다.

반역죄로 기소되어 총살형을 선고받은 사람이 있었다. 북이 울리고 그는 사형집행수 앞에 섰다. 사령관이 말했다.

"선택권을 주겠다. 운명을 받아들이고 총살형을 당하든지, 저기 검은 문을 지나가든지 하나를 택하라."

그리고 생각할 시간을 두 시간 주었다. 두 시간 후, 그는 감옥 마당에 다시 나와 손이 묶이고 눈가리개를 한 채 총살대 앞에 섰다. 사령관이 물었다.

"어느 쪽인가?"

"저 검은 문을 열면 어떤 일이 생길지 모르겠소. 어쩌면 더 끔찍한 운명이 기다리고 있을지도 모르는 일이니 차라리 총살형을 택하겠소."

그러자 사형집행 명령이 떨어지고 그는 죽었다. 한 보조원이 감옥을 지나면서 사령관에게 물었다.

"사령관님, 저 문 뒤에 뭐가 있습니까?"

사령관은 무표정하게 대답했다.

"자유."

좀 역설적인 것 같지만 두려움에서 벗어나기 위해서는 두려움 속으로 걸어 들어가야 한다. 두려움의 대상과 끊임없이 접촉하는 것이 두려움을 없애는 가장 좋은 방법이다. 두려움은 우리 마음속에 있다. 그리고 상상력은 그것을 부풀린다. 그 속으로 들어가지 않으면 작은 두려움은 거대한 두려움이 된다. 그 속으로 들어가면 그것은 원래대로 작아진다. 시작하기도 전에 겁 먹었던 일 중에서 '일단 시도해보니 생각보다 간단하더라' 또는 '그냥 해보니 되더라' 그런 일들이 많을 것이다. 어쩌면 거의 모든 것이 다 그렇다고 해도 과언이 아니다. 고소공포증이 있는 사람은 높은 곳에 올라가기 전에는 절대로 그 증세가 없어지지 않는다. 물을 무서워하는 사람은 수영을 배워야 물과 친해질 수 있다. 일단 부딪치면 두려움은 반으로 줄어든다. 나에게 두려움을 안겨주었던 상황이 상상했던 것만큼 나쁘지 않다는 사실을 경험하고 나면 자유로워질 수 있다.

사람은 누구나 두려움을 느낀다. 다만 공포에 대한 반응이 다를 뿐이다. 그러므로 두려움을 이기고 자신감을 얻기 위해서는 행동해야 한다. 물러서면 두려움은 더욱더 커지기 마련이다.

처마 밑에 움츠리고 있는 새는 걱정이 많지만 날고 있는 새는 걱정할 시간이 없다. 벌레를 잡는 것은 처마 밑의 새가 아니라 날고 있는 새다. 두려움이 없는 삶보다 더 두려운 것은 없다. 지나치게 안정을 추구하다 보면 모험을 통해 얻을 수 있는 것들을 놓치고 살아가게 된다. 우리가 진정으로 원하는 대부분의 것들은 두려움이라는 포장지 안에 숨어 있다. 더 이상 두려워하지 말고 그 포장지를 과감히 뜯어보라.

진정한 삶이란 문제가 없는 상태가 지속되는 것이 아니라 삶이 우리에게 던지는 다양한 문제에 대처하고 해결하는 과정 속에 있다. 인생을 멋지게 살고 싶다면 두려움과 당당하게 맞서야 한다. 세상에서 가장 가치 있는 것은 직접 부딪쳐야 얻을 수 있다. 행동은 하지 않고 걱정만 하는 것은 오지 않는 미래에 사로잡혀 현재를 잃어버리는 것과도 같은 일이다.

유쾌한 인간관계 포인트 27
물을 무서워하는 사람은 수영을 배워야 물과 친해질 수 있다.

조조처럼,
마키아벨리처럼

어릴 때는 순진한 것이 미덕이지만 성인이 되어서도 순진하다는 것은 더 이상 미덕이 아니다. 법 없이도 살 수 있는 사람, 가슴 속에 하고 싶은 말이 있어도 억지로 참는 사람, 내키지도 않는 부탁을 거절하지 못하고 다 들어주는 사람이 좋은 사람인가. 당신이 그런 사람이라면 너무 아프게 살아야 한다.

세상은 선과 악이 함께 있는데 당신 혼자만 선으로 살 수 있다고 생각하는가. 탁구를 칠 때 상대는 공을 깎아서 돌리는데 당신이 같이 돌리지 않고 그대로 넘길 수 있다고 생각하면 순진한 사람이다. 선에는 선으로 대하고 악에는 같은 악으로 대할 줄도 알아야 한다.

세상은 언제나 난세다. 난세에는 세상으로부터 나 자신을 지킬 수 있는 힘과 지혜가 필요하다.

학창 시절 도덕시간에 배운 대로 공자 맹자 말씀 다 지키고 살다 보면 항상 손해 보고 바보 취급당하기 십상이다. 그래도 배운 대로 착하게 살아야 할까? 아니면 여우처럼 약삭빠르게 살아야 할까? 딜레마에 빠진다. 정답은 없다. 그때그때 다르다. 악하게 살아서도 안 되겠지만 그렇다고 항상 양처럼 순하게만 살아서도 안 된다. 사람은 부드러움과 냉정함을 갖추고 있어야 한다. 그래야 사람대접을 받을 수 있다.

부드러움은 우리가 살아가는 데 없어서는 안 되는 요소다. 부드러움이 없는 냉정함은 동물적인 것으로 끝나버리기 쉽다. 그러나 냉정함이 없는 부드러움은 방아쇠 없는 총과 같다. 무조건 용서하고, 베풀고, 인내만 해서는 무시당하기 십상이다. 왼쪽 뺨을 맞고 오른쪽을 내밀면 그쪽 또한 얻어터질 뿐이다.

늘 순진하기만 해서는 안 된다. 뱀 같은 교활함과 비둘기 같은 순진함을 골고루 구비해야 한다. 그러나 교활함을 함부로 써서는 안 된다. 전가(傳家)의 보도(寶刀)란 함부로 휘두르지 않는 데 그 의미가 있다.

사람 심리에 관한 재미있는 연구 결과가 있다. 프리스턴대학 데커 교수는 '죄수의 딜레마'라고 불리는 게임이론을 발표했다. 사건 용의자로 체포된 두 공범자가 각각 다른 취조실에서 취조를 받을 때 수사관은 다음과 같은 선택지를 제시했다.

(1) 두 사람 모두 묵비권을 행사하면 3년형이 가해진다.

(2) 한 명이 자백하면 정상을 참작하여 자백한 사람은 불기소처분되고, 자백하지 않은 사람은 중형인 10년의 징역에 처해진다.

(3) 둘 다 자백하면 6년의 징역형에 처한다.

여기서 어느 쪽을 선택하건 그 결과는 상대방이 취하는 태도에 의해 좌우된다. 이때 두 사람은 상대를 신뢰하여 묵비권을 행사할 것인가, 아니면 상대가 묵비권을 행사하는 동안 자백하여 자기만 빠져나갈 것인가 하는 심각한 딜레마에 빠질 것이다. 이런 경우 대부분 상대방이 나를 배신하고 자백하는 것은 아닌가 의심하여 결국 두 사람 모두 자기만 빠져나오겠다는 생각에 자백함으로써 6년의 징역형을 선고받게 된다.

당신이라면 어떤 선택을 할 것인가? 그리고 당신이 믿고 있는 친구는 어떤 선택을 할 것 같은가? 어떤 경우라도 변치 않을 믿음직한 인간관계는 우리 모두가 추구해야 할 방향이다.

하지만 내가 믿는다고 해서 남도 믿을 거라고 생각하지 마라. 친구 믿고 보증 섰다가 패가망신한 사람이 어디 한둘인가! 친구와 동업하여 끝까지 좋은 관계를 유지하는 사람을 찾기 힘든 세상이다. 내가 남을 속이지 않았으니 남도 나를 속이지 않을 거라 생각하지 마라. 사람을 너무 믿어서는 안 된다. 처음부터 속이고 싶어 속이는 사람은 없다. 상황이 그렇게 만들면 어쩔 수 없는 거다. 너무 믿으면 그만큼 나중에 실망도 커진다. 쉽게 믿는다는 것은 아이에게는 힘이지만 어른에게는 약점이다.

친구도 좋고 변함없는 우정도 좋다. 세상이 영악해질수록 그런 사람이 그리워지기 마련이다. 생존경쟁이 치열한 환경 속에서 너무 정직하면 쉽게 함정에 빠진다. 이쪽의 본심은 될 수 있는 대로 보여주지 말고 상대의 진실을 끌어내는 것이 이 시대를 살아가는 요령이다.

유쾌한 인간관계 포인트 28
쉽게 믿는다는 것은 아이에게는 힘이지만 어른에게는 약점이다.

흔히 책략이나 권모술수라고 하면 삼국지의 조조나 마키아벨리를 떠올린다. 아니면 혼탁한 정치판을 연상하기도 한다. 그러나 실제로 조직을 이끄는 리더는 속임수나 책략을 잘 알아야 한다. 왜냐하면 그것을 모르면 상대방이 행하는 선과 악을 알아차릴 수가 없기 때문이다. 그렇게 되면 자신을 지키지 못할 뿐더러 조직의 생존을 도모할 수도 없다. 책략에 정통한 것은 오히려 리더에게 불가결한 조건이라고 할 수 있다. 그러나 책략은 자신이 직접 쓰거나 너무 많이 사용하면 비난을 받게 된다.

거짓말을 안 하는 것은 장점이지만, 거짓말을 전혀 못하는 것은 단점이다. 거짓말을 안 하는 것과 못하는 것은 서로 다른 개념이다. 힘이 있는 사람이 다른 사람을 용서하고 관용을 베푸는 것과 대항할 힘이 없어서 억울해도 참는 것은 다르다.

삼국지에서 조조는 이렇게 말했다.

"차라리 내가 천하 사람들을 버리더라도 천하 사람이 나를 저버리는 것은 참을 수 없다."

자칫 비정하게 들릴지 모르나 치열한 현대를 살아가는 사람들이 한 번쯤 새겨들어야 할 말이다.

조조의 이런 면면이 잘 드러나는 일화가 있다.

조조가 진궁과 함께 쫓기는 신세가 되어 아버지의 의형제인 여백사의 집에 갔는데 그날 밤 여백사의 가족이 뒷마당에서 칼을 갈고 묶을 준비를 하는 걸 보고 자기를 죽이려는 것으로 생각해 일가족을 몰살했다. 일을 저지르고 나서야 여백사의 가족이 자신을 죽이려고 한 게 아니라 자신들을 위해 돼지를 잡으려고 한 것임을 알았다. 그러나 이미 엎질러진 물이었다. 조조는 급히 그곳을 떠났는데 도중에 나귀에 술병을 매달고 돌아오는 여백사와 마주친다. "왜 벌써 떠나느냐?"는 여백사의 물음에 조조는 "죄지은 몸이라 오래 머물 수가 없습니다"라고 얼버무리고 몇 걸음 더 가다가 갑자기 말머리를 돌려 단칼에 여백사를 베어 죽인다. 진궁이 크게 놀라 조조를 나무라자 조조는 '여백사가 자기 집에 돌아가 식구들이 몰살당한 것을 보면 관가에 알릴 것'이라고 변명한다. 결국 진궁은 조조의 이런 비정한 면을 보고 조조가 잠든 틈을 이용해 그의 곁을 떠난다. 잠에서 깬 조조는 떠나고 없는 진궁에게 마음속으로 말한다.

'나도 자네가 섬기는 그 인의(仁義)에 의지해 살고 싶었다. 그대도 알아야 하네. 이미 세상은 그 가르침만으로는 구할 수 없네. 오히려 언젠가 그 인의는 그대 스스로를 상하게 하는 칼이 될 것이네…'

대개의 전쟁은 변칙이나 속임수로 결정된다. 전쟁의 목적은 이기는 데 있으며 아무리 전력이 우수하다 해도 정공법만으로 전쟁을 치러서는 안 된다. 인천상륙작전과 노르망디상륙작전이 그랬다. 정공법만 고집하며 전투에서 힘을 빼는 것은 자신의 병법이 궁핍함을 보여주는 것이다.

스포츠에서도 정석 플레이만 펼치다가 지는 경기는 더 이상 격려 받을 일은 아니다. 단조로운 리듬은 쉽게 권태를 불러온다. 복싱을 해도 강펀치만 날리는 것보다 펀치에 강약을 적절히 배합할 때 상대를 쉽게 KO시킬 수 있다. 명투수는 강속구를 던진 다음에는 대개 슬로 커브를 던진다. 축구에서도 중앙돌파만 하는 것보다 좌우측면 돌파를 병행하는 게 골을 넣기가 쉽다.

복서가 상대에 따라 자신의 스타일을 바꾸기도 하듯이 사람을 대할 때도 마찬가지다. 정석이 통하지 않을 때는 변칙을 쓸 줄도 알아야 한다. 변칙도 쓸 수 있는 사람이 정석 플레이를 할 때는 돋보이지만 끝까지 정석만 고집한다면 고지식하게 보일 수도 있다. 항상 착하기만 해서는 안 된다. 상황에 따라 골라 쓸 수 있는 두 장의 카드를 갖고 있어야 한다.

유쾌한 인간관계 포인트 29
정석이 통하지 않을 때는 변칙을 쓸 줄도 알아야 한다.

살다 보면 거짓말의 유혹을 뿌리치기가 어려울 때도 있고 본의 아니게 거짓말을 할 경우도 생긴다. 그러나 사소한 거짓말을 자주 하는 사람은 다른 사람들이 의심의 눈초리를 거두지 않기 때문에 상대방이 잘 속지 않는다. 정말 필요할 때 큰 거짓말을 하기 위해서는 평소에 사소한 거짓말을 해서는 안 된다. 그것은 사람들이 잘 모르는 고급 상품을 고가에 팔려면 누구나 다 아는 소주나 박카스는 싸게 팔아야 하는 것과 같은 이치다. 큰 거짓말은 꼭 필요할 때 한두 번 정도만 해야지 자주 하면 안 된다.

제갈공명이 절체절명의 위기에서 적의 추격을 멋지게 따돌린 유명한 일화가 있다.

삼국지에서 읍참마속의 고사를 만들어낸 가정의 싸움에서 마속이 패하자 공명은 군사적 요충지인 서성으로 물러났다. 이때 사마의는 15만 대군을 이끌고 서성으로 쳐들어간다. 모든 사람들이 사색이 되었다. 그때 제갈공명은 군기(軍旗)를 내리고 모두 숨게 한 다음 도복을 입고 거문고를 타고 있었다. 사마의는 무시무시한 함정이 있다고 생각하고 퇴각하였다. 신출귀몰한 제갈공명도 긴장한 탓인지 사마의가 물러갈 무렵 타고 있던 거문고의 줄이 끊어졌다. 그 순간 제갈공명은 온몸에서 식은땀이 흘러내렸다. 다행히 사마의가 눈치 채지는 못했다. 사마의는 제갈공명이 보통 튼튼한 대비책을 갖춰놓지 않고는 허장성세를 일삼지 않는 전략가임을 알고 있었고, 제갈공명은 사마의가 자신을 어떻게 생각하는지 알고 있었던 것이다. 그는 아무 방비도 없는 처지에서 엄청난 모험을 감행했으며, 무모한 싸움은 벌이지 않는 본래의 특성에서 벗어나는 행동을 함으로써 적을 멋지게 속였다. 사마의도 보통 사람이 아닌데 그런 사기가 통할 수 있었던 것은 '제갈공명이 평소에 근신하고 조심스러워 결코 위태로운 일을 하지 않는다'는 인식을 심어주었기 때문이다. 제갈공명이 그처럼 무모하기 짝이 없는 작전을 쓴 것은 그때가 처음이자 마지막이었다. 큰 거짓말은 평생에 한 번 정도로 그쳐야 하며, 그러기 위해서는 평소에 거짓말을 해서는 안 된다. 허세에는 한 번 속지 두 번 속지 않는다.

누구나 자기 나름대로 속임수를 쓴다. 다만 들키지 않는 자만이 정직하다는 평가를 받는다.

링컨은 거짓말에 관해 다음과 같이 말했다.

"모든 사람을 일시적으로 속일 수도 있고 일부 사람을 언제까지나 기만할 수도 있다. 그러나 모든 사람을 언제까지나 계속해서 속일 수는 없다."

거짓말을 할 경우 꼭 명심해야 할 것은 '어쩐지 의심스럽다'든지 '어딘지 구리다'는 인상을 주어서는 안 된다는 점이다. 평소에 주위 사람에게 진지하고 정직하다는 인상을 심어줄 수 있으면 가장 효과적이다. 그리고 거짓말을 할 경우에는 자신이 한 거짓말을 전부 기억하고 있어야 한다. 기억력에 자신이 없거나 기억하기 싫은 사람은 아예 거짓말을 하지 말아야 한다. 언젠가는 들통이 난다. 거짓말을 하는 것은 우선 하나를 얻기 위해 아홉을 잃는 것과도 같다. 결국 거짓말은 손해나는 장사라고 할 수 있다.

권투에서 맞고 쓰러지면 말리는 심판이라도 있지만 비정한 경쟁의 세계에서 쓰러져 넘어지면 일으켜줄 사람도 없다. 훌륭한 축구 선수는 상대의 웬만한 태클에 넘어지지 않고 절묘하게 피하듯이 상대의 꾀에 넘어가지 않기 위해서는 그 수(手)를 알아야 한다. 한 번 속는 것은 속이는 사람의 잘못이지만 두 번 속는 것은 그것을 피하지 못한 사람의 잘못이다. 경쟁 사회에서 살아남기 위해서는 책략에 대해 잘 알고 있어야 한다. 이는 수단과 방법을 가리지 않는 상대로부터 나를 지키기 위한 생존의 수단이기 때문이다.

유쾌한 인간관계 포인트 30
평소에 사소한 거짓말을 하지 않아야 통한다.

시대의 조류는 모든 것을 공개할 수 있어야 하고 모든 것이 공개되어야 하는 상황으로 흐르고 있지만 그렇지 않은 부분도 있다. 깨끗한 풍경도 아름답지만 가끔은 불투명한 것이 더 아름답기도 하다. 숲에 안개가 끼면 그윽하고 분위기 있어 보인다. 어두운 곳에서는 밝은 곳을 볼 수 있지만 밝은 곳에서는 어두운 곳을 볼 수 없다.

가을엔 편지를 하겠어요
누구라도 그대가 되어 받아주세요
낙엽이 흩어진 날
모르는 여자가 아름다워요

〈가을편지〉라는 노래 가사의 일부이다.

아내는 아름답게 보이지 않고 남편은 멋있게 보이지 않는다. 사람들은 익숙한 것에는 매력을 느끼지 못하지만 신비로운 것은 숭배한다. 낯선 사람이 매력 있는 이유는 그들에 대해 아는 것이 없기 때문이다. 아무리 훌륭한 사람이라도 그 사람을 너무 잘 아는 사람에게는 존경받을 수 없다. 석가모니도 그랬고 공자도 그랬다.

깊이를 아는 물에는 어른 아이 할 것 없이 누구나 쉽게 뛰어들지만 깊이를 모르는 물에는 함부로 뛰어들 수 없다. 우리는 때로 남들 앞에서 자신을 감추는 치장도 해야 한다. 깊이 숨겨진 것에는 경외심이 생기기 마련이다. 나의 존재에 대해서 다른 사람이 모르는 부분을 항상 남겨두어야 한다. 그러면 사람들도 기대감을 가지고 나의 행동을 지켜볼 것이다.

살아가는 지혜의 근본은 뭐니 뭐니 해도 감정을 겉으로 드러내지 않는 것, 말이나 동작이나 표정에서 마음이 동요하고 있음을 알아차리지 못하게 하는 것이다. 상대방의 사생활에 대하여 묻지 않는 게 좋다. 서양에서는 그것이 에티켓이다. 마찬가지로 나의 사생활도 다른 사람에게 보여주지 않는 편이 현명하다. 나의 사사로운 일은 공개하지 말아야 한다. 친구에게도 그들이 객관적으로 인정할 수 있는 '나'만을 보여주고 그 밖의 모든 것은 철저하게 '남'이 되어야 한다. 그들에게 나의 사사로운 비밀을 알리면, 나중에 뜻하지 않은 피해를 입을 우려가 있다. 친구에게 적금 탄 이야기를 하거나 주식이나 부동산으로 재미 본 이야기를 하면 다음에 돈을 빌려달라고 할지도 모를 일이다. 돈이 있는 줄 알고 하는 부탁인데 거절할 수도 없는 노릇이다. 그때는 후회해도 이미 늦다. 연인이나 부부 사이에서도 과거의 이야기를 늘어놓아서 좋을 게 없다. 오히려 사랑에 있어서 치명적인 질투와 의심을 불러일으킬 뿐이다.

우리나라 사람들은 술이 몇 잔 들어가면 금방 본심을 털어놓기 일쑤고 마치 오랜 친구처럼 대하는 경우가 많다. 동료와 술을 마시는 건 좋다. 그러나 취해서는 안 된다. 설사 취하더라도 마음속의 깊은 주머니 끈까지 풀어놓으면 안 된다. 숲 속의 꿩은 사냥개가 내몰고, 가슴속 깊이 있는 말은 술이 내모는 법이다.

초면인 사람에게는 너무 호의를 보이지 않는 게 좋다. 쉽게 친절을 보여주기보다 사려 깊은 친절을 보여라. 수박을 쪼개듯이 한꺼번에 자신의 속을 다 보여주는 것보다는 밤처럼 겉껍질 속에 속껍질을 하나 더 가지고 있는 것이 좋다. 하지만 나를 보여주는 데 너무 인색하면 인간미가 떨어져 보일 수도 있다. 좋은 옷은 적당히 가려주고 적당히 노출시켜 아름다움을 극대화하는 것이다. 목티를 입은 것처럼 너무 가려서도 안 되겠지만 가려야 할 곳을 다 보여주어서도 안 된다. 숨기는 면과 보이는 면을 적절하게 유지해야 한다. 가장 이상적인 것은 나를 자연스럽게 보여주되, 선을 넘지 않는 것과 다른 사람에게 보여줄 새로운 모습을 지속적으로 개발하는 것이다.

"항아리를 가지고 있지만 그 속에 얼마나 큰 구렁이가 들어있는지 몰라야 그 사람을 두려워하는데, 속에 있는 것을 다 드러내면 얕잡아보는 거야. 사람은 자기 속을 함부로 내보이지 않아야 해."

어느 스님의 말이다.

중국 사람이 자기 본심을 털어놓는 일은 거의 없다. 그들은 희로애락의 감정을 가급적 억제하며 밖으로 나타내기를 꺼린다. 그리고 이런 경향은 일반 서민보다도 사회지도층에 있는 사람일수록 두드러진다.

검도에서 대련을 할 때 고수들은 절대로 상대방의 눈에서 시선을 떼지 않고 상대방의 움직임을 관찰한다. 그러다가 기회를 포착하면 매가 닭을 낚아채듯이 눈 깜짝할 사이에 공격한다. 그런데 초보자들은 그가 목표한 부위에 먼저 시선이 가 있다. 그래서 마음을 들켜버린다. 상대방에게 표정을 읽히는 것은 비즈니스에서는 치명적인 일이다. 일단 상대방이 당신의 의도를 알아차리면 이미 게임은 끝난 셈이다. 싫은 얘기를 들으면 노골적으로 화를 내거나 표정을 바꾸는 사람, 좋은 얘기를 들으면 펄쩍 뛰면서 기뻐하는 사람, 이런 사람들은 교활한 인간이나 능청맞은 사람들의 희생물이 되기 쉬울 뿐만 아니라 협상에서 우위를 차지할 수 없다.

속이 다 들여다보이는 물은 누구나 깊이를 알 수 있다. 우리는 항상 솔직해서는 안 된다. 너무 쉽게 드러내면 쉽게 다루어진다. 솔직할 필요가 없을 때는 솔직하지 않아도 된다. 처음 보는 사람이나 오래 접하지 않은 사람에게 솔직하기를 바라지도 말고 솔직하지도 마라. 아무리 친한 사이라 하더라도 정말 큰 비밀은 절대 털어놓지 마라. 쓸데없는 고백은 나를 남들에게 종속시키며 나에게 역풍을 몰고 오게 할 수 있다.

나의 본심은 될 수 있는 대로 보여주지 않는 것이 이 시대를 사는 요령이다. 모든 것이 진부해지고 익숙해지는 세상에서 수수께끼처럼 보이는 것은 즉시 관심을 끈다. 당신이 하려는 일을 너무 분명하게 밝히지 마라. 당신의 패를 다 보여주지도 마라. 북한이 국제사회에서 주목받는 이유도 그들을 잘 모르기 때문이다. 특히 핵문제에 대해서는 추측만 할 뿐 베일에 싸여 있기 때문에 더 두려운 것이다.

능력 있는 사람은 내면은 신중해도 그것을 밖으로 드러내지 않으며, 외적으로는 누구하고나 쉽게 사귀고 스스럼없이 행동한다. 자기가 지킬 것은 지키지만 외면으로는 개방적으로 보임으로써 상대방의 방어를 풀어버리는 것이다. 소탈함이 인간관계에서 필요하기는 하지만 자신의 전부를 드러내야만 소탈한 것은 아니다. 현실에서는 지나치게 솔직하면 오히려 훗날 불행의 빌미가 되기 쉽다. 그래서 인간관계를 이어갈 때는 언제 어떻게 입장이 바뀌더라도 큰 상처를 입지 않도록 대비하는 지혜가 필요하다.

유쾌한 인간관계 포인트 31
숨기는 면과 보이는 면을 적절하게 유지할 것!

입이 가벼우면 쉽게 사람을 잃는다. 인간관계 속에서 나를 지키려면 말 한마디도 신중히 해야 한다. 특히 둘이서만 이야기하고 알고 있는 것을 조심성 없이 제삼자에게 이야기할 경우 신뢰를 완전히 잃어버리게 될 수도 있다. 무덤까지 가져가기로 한 비밀을 털어놓는 것은 스스로 무덤을 파는 일이다. 정말 제삼자에게 퍼져서는 안 될 일이라면 아무리 믿을 수 있는 사람일지라도 절대 말해서는 안 된다. 어찌하여 자신도 지키지 못하는 비밀을 남이 지켜주길 바라는가!

친구를 믿되 너무 믿지 마라. 최선의 친구는 최악의 친구도 된다. 가장 친한 친구라 할지라도 내 생각을 전부 말해버리면 평생토록 적이 될 수 있다. 평상시에는 친하게 지낼 수 있지만 결정적인 순간에는 달라질 수도 있다. 환경이 그렇게 만들면 아무리 친한 친구라도 어쩔 수 없이 변심한다.

사람의 마음이란 하루에도 몇 번씩 변하기 때문에 비밀을 지키겠다는 그 약속을 지키는 것은 어렵다. 다른 사람의 비밀을 알고 있다면 끝까지 지켜줘라. 그리하여 당신이 신뢰를 얻으면 그는 당신을 믿고 따를 것이다.

거짓말을 하지 말고, 그렇다고 진실을 다 말하지도 마라. 진실처럼 조심해야 할 것도 없다.

진실을 말할 때 가장 위험하다. 가슴 깊이 간직해야 할 말은 절대로 털어놓지 마라. '영원히' 또는 '절대로'라는 말을 붙여 하는 맹세들을 믿지 마라. 내일이 어떻게 바뀔지도 모르는 상황에서 결코 영원한 것과 절대적인 것을 약속할 수 없다. '꼭'을 강조하지도 말고 그것을 믿지도 마라. 약속과 장담은 자기의 의지로 하는 것이지만, 결과는 자기 의지와는 별개이니 약속과 장담은 애초부터 억지인 것이기에 그런 약속은 하지도 말고 철석같이 믿지도 마라.

어떤 노인이 임종하기 전에 자신의 아들을 불러 다음과 같이 유언을 했다.

"언제나 이 두 가지를 기억해라. 이것이 성공하는 비법이다. 첫째는, 약속을 했을 때는 항상 지켜라. 어떤 대가를 치르더라도 약속을 이행해라. 이것이 내가 성공한 이유다. 그리고 두 번째는 이것이다. 절대로 약속을 하지 마라."

술을 마실 때 중요한 결정이나 약속을 하지 마라. 술이 깨고 나면 자신의 경솔함을 후회하게 된다. 또한 여유 있게 약속하면 행동에도 여유가 생기지만 '예' '아니오'라고 함부로 말해버리면 행동에도 여유가 없어진다.

《한비자》에 다음과 같은 말이 나온다.

"상대가 나를 배반하지 않을 것이라는 점에 의존하지 말고, 나 스스로 상대에게 배반당하지 않는 힘을 갖도록 노력해야 할 것이다."

상대와의 싸움에서 승리하려면 다양한 표정을 보여줄 필요가 있다. 슬플 때 기쁜 표정을 지어 보이기도 하고, 기쁠 때도 슬픈 표정을 지어 보이는 표정 관리는 매우 중요하다. 고스톱이나 포커를 칠 때도 진지한 표정으로 치는 사람보다 패가 좋든 나쁘든 큰 소리로 떠들면서 치는 사람이 돈을 딸 확률이 높다. 장차 큰일을 벌이려는 사람들은 우선 자신의 표정부터 다스려야 한다. 병서에도 나와 있듯이 '있는 듯하며 없고, 없는 듯하며 있다(實則虛之虛則實之)'는 것이 군사를 부리는 큰 이치다. 옛날 말 장수들은 사고 싶은 말이 있을 때 절대로 먼저 밝히지 않았다고 한다. 그 이유는 그렇게 하면 값이 올라갈 것이 뻔하기 때문이다. 사냥감이 사냥규칙을 알아버리면 사정권 안에 머물지 않는다. 협상기술의 핵심은 내가 얼마나 좋은 패를 갖고 있는지를 보여주지 않는 것이다. 일희일비하는 표정으로는 비밀을 간직하지 못할 뿐만 아니라 장차 큰일을 벌이지도 못한다. 표정만 보고도 상대방이 내 속마음을 훤히 읽어내게 해서는 안 된다. 표정에 감정을 그대로 나타내는 것은 지고 들어가는 일이다.

다른 사람의 비밀을 알고 있다면 끝까지 지켜줘라.

상사의 이중성

상사에게 내 능력을 마음껏 과시하는 것이 회사생활 잘하는 비결이라고 생각한다면 이는 부분적으로만 옳은 말이다. 상사의 이중성을 꿰뚫어본 안목의 소유자로, '계륵의 고사'의 주인공 양수를 빼놓을 수 없다.

양수가 조조의 참모로 신임을 받은 것은 기묘한 글자풀이에서 시작되었다. 한번은 조조가 화원을 만들라고 명령했는데, 공사가 끝나자마자 둘러보고는 아무 말 없이 문 위에 '活'이란 글자를 써놓고 가버렸다. 사람들은 아무도 그 뜻을 짐작하지 못하여 안절부절 못했다. 그때 양수가 나타나서 '活'이란 글자에 '門'이란 글자를 덧붙여 썼다. 넓을 '闊'자를 만든 것이다. 정원의 문이 너무 커서 싫어한다는 뜻으로 풀이한 것이다. 조조는 크게 기뻐하면서 "누가 내 뜻을 짐작했는가?" 물었다. 사람들이 양수임을 보고하자 조조는 그를 크게 칭찬했다고 한다.

한편 이와는 완전히 다른 결과를 몰고 온 '계륵의 고사'를 한 번 살펴보자. 219년, 조조는 65세의 노구를 이끌고 군사를 한중으로 진격시켜 유비의 군대와 대치했다. 하지만 천연의 요새를 이용하여 수비를 강화한 무장 마초와 오난을 맞아 패배를 거듭할 뿐이었다. 반년 가까이 한중에 있었으나 전선은 교착되고 병사들 사이에서도 전쟁을 싫어하는 분위기가 감돌았다. 어느 날, 식사를 하기 위해 솥뚜껑을 열어보니 그릇 속에 닭의 갈비가 담겨 있었다. 먹으려니 먹을 게 없고, 버리자니 아까운 그것은 마치 진격하자니 마초가 앞을 막고 있고, 철수하자니 유비군의 비웃음이 눈에 보여 망설여지는 자신의 신세와도 같았다. 때마침, 무장 하후돈이 들어와 야간암호를 말해달라고 했다. 조조는 무심코 입에서 나오는 대로 "계륵, 계륵" 하고 말았다. 이 암호를 전해들은 양수는 부하들에게 행장을 수습하고 철수할 준비를 하라고 명했다. 하후돈이 놀라 양수에게 그 이유를 묻자 양수는 "닭갈비는 버리기는 아깝지만, 그렇다고 해서 먹을 수 있는 것도 아니다. 즉, 이 한중이 닭의 갈비와 같다는 뜻이다. 이런 곳에 오래 있어도 이로울 것이 없으니 철수하라는 것이다"라고 대답했다. 이 말을 전해들은 군사들이 대부분 돌아갈 채비를 갖추자, 조조는 군심을 어지럽힌 죄를 물어

양수를 참했다. 하지만 조조는 이미 철수를 결심한 상태였다.

여기서 우리는 같은 상황이 반드시 같은 결과를 가져오지는 않는다는 것을 알 수 있다. 즉, 앞에서는 조조의 마음을 읽은 양수의 능력이 칭찬을 받았지만, 뒤에서는 칭찬은커녕 조조의 미움을 받아 목숨까지 잃게 된 극단적인 결과를 가져온 것이다.

사업이 순조로울 때에는 최고경영자의 마음과 참모의 마음이 하나가 되어 성과를 거두지만, 그렇지 못할 때에는 불행한 일이 생길 수 있음을 보여주는 예이기도 하다.

무엇이 이런 극단적인 결과를 가져오게 하였을까? 뛰어난 모든 것은 미움을 받기 마련이다. 조직이 당신의 능력을 원하는 것은 그것이 조직의 성과를 위해서 필요한 경우에 한하며, 항상 똑똑한 개인을 원하는 것은 아니다. 특히 부하가 윗사람을 능가하는 것은 어리석은 짓이다. 그러니 신중한 사람이라면 속물들이 내세우는 장점을 감춰야 한다. 행운이나 정서에 관해서는 남에게 양보할지 몰라도 지적인 것에서 양보할 사람은 거의 없다. 특히 부하한테서는 더욱 그러하다.

높은 자리에 올라간 사람일수록 자신이 보고 싶은 것만 보고, 듣고 싶은 말만 들으려 하는 경향이 있다. 아랫사람에게 쓴 소리를 들으면 체면 때문에 겉으로는 태연한 척하지만 속으로 억지로 참을 뿐이다. 윗사람에게 꼭 필요한 말을 할 때 상대의 자존심을 건드리지 않으면서 전하는 지혜가 필요하다. 말의 내용도 중요하지만 그것을 어떻게 전달하는가가 더 중요하다. 아무리 맞는 말이라도 쓴 소리를 듣기 좋아하는 사람은 없다.

손윗사람을 대하다 보면 본의 아니게 상대의 자존심을 자극하여 곤란한 일을 겪는 경우가 있다. 오래 전에 친구들과 저녁식사 후 2차 자리를 가졌다. 그곳에서 재치 있는 여종업원이 서빙을 했는데 처음에는 분위기가 좋았다. 분위기가 한창 익어갈 무렵 한 친구가 갑자기 그녀에게 버럭 화를 내는 것이었다. 좋았던 분위기가 갑자기 찬물을 끼얹은 듯 싸늘해졌다. 그 친구는 "종업원이 손님에게 가르치려고 해서 화가 났다"고 했다. 그녀는 대화의 흐름을 깨지 않으면서 자신의 살아가는 방식에 대해 이야기했다. 나는 그녀가 '괜찮은 철학을 가지고 있는 여자'라고 생각을 했는데 화를 낸 친구는 '감히 종업원이 고객을 가르치려고 한다'라고 생각을 한 것이다. 그녀가 손님에게 가르치려고 한 말은 아니었지만 손님의 입장에서 '술 마시러 와서 종업원의 개똥철학을 들어야 하나'라고 생각을 했던 것이다.

공자는 윗사람과 교제할 때 피해야 할 행동으로 '묻지도 않는데 말을 하는 것, 물었는데 대답하지 않는 것, 상대의 안색을 살피지 않고 혼자 떠드는 것'을 들었다. 상사에게 자신의 능력을 과시하는 것이 상사에게 잘 보이는 비결이라고 생각한다면 자신도 모르게 불행한 일을 당할지도 모른다. 물론 업무적으로는 빈틈없이 처리해야 한다. 그러나 인간적인 측면에서는 약간의 여백을 남겨두어야 한다. 매사에 똑 부러진 부하를 좋아하는 사람은 없다. 사람들은 자기가 더 잘났다고 느껴야만 비로소 남을 도울 마음이 생기는 법이다. 물었는데 대답하지 않는 것은 상대를 무시하는 행동이며, 상대의 안색을 살피지 않고 혼자 떠드는 사람은 신호등과 도로표지판을 보지 않고 운전하는 사람과 같다. 그런 사람은 반드시 사고가 난다.

윗사람의 자존심을 건드리지 않으면서 내가 하고 싶은 말을 하는 것은 어려운 일이다. 인간은 하루에도 몇 번씩 마음이 바뀌고 자신의 행동에 자신이 없으면서도 타인에게 지적을 받으면 저항을 한다. 상대의 말이 틀려서가 아니라 자존심 때문이다. 윗사람이라고 해서 인격까지 성숙된 것은 아니다. 대부분의 사람들 마음속에는 자라지 않은 어린아이가 있다. 그 어린아이는 칭찬에 굶주려 있다. 일단 그 아이의 굶주림부터 해결해주어야 한다.

유쾌한 인간관계 포인트 33
너무 뛰어나면 미움을 받기 마련이다.

PART

02

나답게
살며
세상과
친해지기

사람의
마음을
얻는 일

사람이 하는 일의 반은 자신을 지키기 위한 것이고, 나머지 반은 사람의 마음을 얻기 위한 것이다. 둘 다 어려운 일인데 사람들은 여기에 익숙하지 않다. 그래서 사는 것이 이렇게 힘든지도 모른다.

보이지도 않고 럭비공처럼 어디로 튈지도 모르는 사람의 마음을 얻는 일이란 자신을 다스리는 것만큼이나 어려운 일이다. 어려운 수학문제도 몇 가지 공식만 알면 쉽게 풀리는 것처럼 복잡하게 보이는 사람의 마음도 근본 원리만 알면 그렇게 복잡하지 않다.

그런데도 인간관계가 삐걱거리는 이유는 사람의 문제가 수학처럼 공식대로 되지 않을 때가 많아서이다. 사람의 문제는 기본 룰은 있지만 상황에 따라 다르다. 같은 행동이 어떤 때는 모자라서 문제가 되고 어떤 때는 지나쳐서 문제가 된다. 방법은 없다. 어려운 문제일수록 더 깊이 파고들어야 한다.

손바닥만한 땅에서 의형제들과 크게 내세울 것 없이 지내던 유비는 제갈공명을 만나면서 용이 구름을 만난 것처럼 급성장했다. 인생에서 무엇을 이루느냐도 중요하지만 누구를 만나느냐도 아주 중요하다.

삶은 만남의 연속이며, 세상의 모든 일은 사람을 통해서 이루어진다.

한 인간의 인생은 만남의 결과라고 해도 과언이 아니다. 다른 사람의 도움이 절실히 필요해지고 나서야 파트너와 관계를 맺으려고 애쓴다면 때는 이미 늦다. 아기의 기저귀는 이불에 오줌을 싸기 전에 채워야 하듯이 좋은 사람과의 관계도 평소에 잘 쌓아두어야 한다. 사람이 성장하기 위해서는 학연이나 지연과 같은 운명적인 친구보다는 꿈과 가치관이 비슷한 사람과의 인연을 의도적으로 만들어가는 것이 중요하다. 장작불도 하나만 있으면 잘 타지 않듯이 먼 길을 가는 데는 길동무가 필요하다. 최명희의 《혼불》에 나오는 '작전이 필요할 때 작전을 세우면 이미 늦다'는 말처럼 친구가 필요할 때 친구를 만들려고 하면 늦다.

어리석은 사람은 인연을 만나도 인연인 줄 모르고, 보통 사람은 인연인 줄 알고도 그것을 살리지 못하며, 현명한 사람은 옷깃만 스쳐도 인연을 살려낸다. 인연을 소중히 여기는 사람이 성공할 확률이 높다. 소중한 인연은 소리치거나 손짓하지도 않고 조용히 왔다가 금방 사라진다. 그래서 평소에 관심을 갖고 있는 사람들만 그것을 알아차릴 수 있다.

인생에서 '누구를 만나느냐'는 아주 중요한 문제다.

어떤 사람이나 사물을 가까이하면 은연중에 그 사물을 닮아간다. 꾸불꾸불한 쑥도 삼나무 속에 있으면 곧게 자란다. 꽃을 가까이하면 꽃 같은 인생이 되고, 시인을 가까이하면 당신도 시인이 되거나 시와 같은 삶을 살게 된다. 대나무 숲에 있는 소나무는 대나무만큼이나 높게 자라며, 안개 속에 있으면 자신도 모르게 옷이 젖는다.

좀 이기적인 것 같지만 사람은 선별해서 사귀어야 한다. 일찍이 공자도 "나보다 못한 사람을 친구로 사귀지 마라"고 했다.

아는 사람이 많다고, 인맥이 넓다고 마냥 좋은 것인가? SNS 친구가 많다고 해서 정말 인맥이 넓다고 할 수 있는 것인가? 나를 힘들게 하고 만날 때마다 상처를 주고 감정을 상하게 하는 사람과 계속 관계를 이어가야 할 것인가?

현명한 사람은 함부로 인연을 만들지 않는다. 이기적인 것 같지만 사람은 선별해서 사귀어야 하고, 내가 선택할 수 있다면 나를 아프게 하는 사람과는 안 만나는 게 좋다.

어리석은 사람과 꿈이 없는 사람은 멀리해야 한다. 현자는 친구를 가려서 사귀는 법이다. 5년 후, 10년 후의 우리의 모습은 우리가 현재 읽는 책과 만나는 사람을 보면 알 수 있다.

좋은 부모는 선택할 수 없지만 좋은 친구는 선택할 수 있다. 주위에 긍정적인 사고를 가진 사람들이 많으면 당신도 열정적인 사람이 되지만, 불평불만이 가득한 사람이 주위에 득실거린다면 그들이 당신의 꿈을 하찮은 것으로 만들 것이다. 그들과 아무리 친해봐야 모여서 신세한탄만 하게 될 것이며, 창의와 노력을 통한 발전은 기대할 수 없다. 그들은 그저 우리가 베풀고 도와주어야 할 대상이지 동반자가 될 수는 없다.

강타자가 타석에서 함부로 방망이를 휘두르지 않듯이 현명한 사람은 함부로 인연을 맺지 않는다. 진정한 인연이라면 진실로 좋은 인연을 맺도록 노력하고, 스쳐가는 인연이라면 흘려보내야 한다. 불행한 일들은 대부분 스쳐 보내야 할 사람과 함부로 인연을 맺기 때문에 일어난다. 그것을 볼 수 있는 눈을 가진 사람이 지혜로운 사람이다.

항상 지혜롭고 뜻이 큰 사람을 가까이하라. 그들은 당신 역시 위대해질 수 있음을 느끼고 깨닫게 해줄 것이다. 그들과 사귀려면 남을 욕하고 신세타령만 해서는 안 된다. 적극적인 사고와 열정이 있어야만 그들과 친해질 수 있다. 왜냐하면 그들도 지속적으로 자신의 열정을 태우기 위해서는 다른 사람의 열정이 필요하다고 느끼기 때문이다.

성공한 사람은 그 친구들도 함께 성공하기를 바란다. 성공한 사람은 나눌 것이 많다고 생각하기 때문에 친구들이 성공하더라도 자기 몫이 그만큼 줄어든다는 못난 생각은 하지 않는다. 법구경에 이런 구절이 있다.

"나보다 나을 것 없고 내게 알맞은 길벗이 없거든 차라리 혼자서 갈 것이지 어리석은 사람과 길벗이 되지 마라."

당신이 진정 독수리가 되고 싶다면 독수리와 함께 날아야지 닭의 무리에 끼어 바닥을 긁고 있어서는 안 된다.

유쾌한 인간관계 포인트 35
고슴도치의 가시를 탓하지 말고, 가까이 가지 마라.

사람 사이에는 적절한 거리가 있어야 한다. 가까이 있어야 할 사이가 멀리 떨어져 있는 것도 안 좋지만, 적당히 떨어져 있어야 할 사이가 너무 가까이 있는 것도 좋지 않다. 적당한 거리에서 적당히 알고 지내야 관계가 오래 간다.

멀리 있는 잔디가 푸르게 보이는 것은 가까이서 보지 않았기 때문이고, 처음 보는 여자가 아름다운 것은 그녀에 대해서 아는 것이 없기 때문이다. 너무 가까이 있어서 존경받을 사람 없고, 너무 멀리 있어서 정 날 사람 없다. 너무 가까이하다 보면 무례해지거나 많은 것을 알게 되어 실망하게 되는 경우가 많고, 너무 멀어지면 정이 식어 관계가 소원해지기 마련이다.

아무리 친한 친구나 연인 사이라도 지켜야 할 게 있고 숨겨야 할 게 있다. 가까워지더라도 속도조절이 필요하다. 쉽게 뜨거워진 관계는 쉽게 식기 마련이다. 알고 지낸 지 얼마 되지 않아 의기투합하여 의형제를 맺은 사이가 오래가는 것을 보지 못했다. 삼국지에 나오는 '도원결의'는 소설에서나 가능하지 현실에서는 불가능한 일이다.

해외여행은 관계를 급속하게 가깝게도 하지만 쉽게 멀어지게 할 수도 있다. 여행 중에는 짧은 시간에 많은 일들을 겪기 때문에 그 사람의 본성이 드러난다. 어떤 사람은 돈에 인색할 수도 있고, 평소에는 보지 못하던 성격이 드러나는 경우도 있다. 그래서 신혼여행에서 돌아오자 마자 갈라서는 부부도 있고, 여행 잘하고 돌아와서 멀어지는 친구도 있다. 이 또한 여행 중에 적절한 거리를 유지하지 못하였기 때문이다.

살다 보면 내 마음에 썩 들지는 않지만 관계를 계속할 수밖에 없는 사람이 있다. 그런 관계는 '불가근불가원(不可近不可遠)'의 원칙을 지키는 것이 좋다. 말 그대로 너무 가까이도 하지 않고 너무 멀리도 하지 않는 지혜가 필요하다.

멀리 가려면 적당한 거리가 있어야 한다. 고슴도치나 모닥불을 가까이 하는 사람은 적당한 거리를 둬야 한다. 고슴도치의 가시를 탓하지 말고 내가 그 가시에 찔리지 않도록 조심해야 한다. 내 주변에 성격이 까다롭거나 속이 좁은 사람이 있다면 그들을 바꾸려고 하지 말고 모닥불처럼 대해보라. 지혜로운 사람은 어느 정도 거리를 두고 모닥불을 쬐지만 지각없는 사람은 너무 가까이 다가가 손을 데고는 모닥불을 탓한다. 쬐는 사람이 거리를 맞춰야지 모닥불은 움직이지 않는 법이다.

장미도 꽃만 사랑하고 가시만 멀리할 수는 없다. 꽃을 보고 향기를 즐기되 적당한 거리를 두어야 가시에 찔리지 않는다.

뷔페에서 모든 것을 먹을 수 없고, 도서관에서 모든 책을 다 읽을 수 없듯이 우리는 모든 사람과 다 인연을 맺을 수는 없다. 아무리 좋은 노래도 나에게 맞는 노래가 있고 맞지 않는 노래가 있다. 사람도 마찬가지다. 나에게 맞는 노래는 즐겁게 부르고, 나를 알아주고 나와 맞는 사람이 있으면 즐겁게 맞아주고 그에게 소중한 존재가 되어야 한다. 적당한 거리를 두면 상처받을 일이 없다. 문제는 지나치게 가까울 때 생긴다.

유쾌한 인간관계 포인트 36
멀리 가려면 적당한 거리가 있어야 한다.

우리는 보통 단체사진을 보면서 멋있는 배경보다는 본능적으로 자신의 모습을 먼저 찾는다. 사람들은 자기중심적이어서 자신 외에는 관심을 잘 갖지 않는다. 누가 무슨 말을 해도 늘 자신의 상황을 먼저 생각한다.

누군가와 가까워지고 싶으면 내가 먼저 그에게 관심을 가져야 한다. 누군가 나에게 관심을 보이면 나 역시 그에게 눈길이 갈 것이다. 상대방에게 관심을 기울이면 비로소 상대의 독특한 개성이나 장점이 눈에 들어오고, 얘기를 주고받다 보면 새로운 친구가 하나 생긴다. 상대방에 대한 작은 관심 하나가 때론 큰 힘을 발휘한다. 우리가 다른 사람에 대해서 조금만 관심을 보이면 보다 쉽게 마음을 열 수 있다는 사실을 꼭 기억하자.

사랑이란 어떤 대상에 대한 관심이요 배려이다. 어떤 대상을 바르게 이해하려면 먼저 그 대상을 사랑해야 한다. 내가 먼저 마음을 열어야 저쪽 마음도 열린다. 지금까지 당신이 어떻게 해왔는지는 중요하지 않다. 이제부터는 순수한 마음으로 상대를 대해보라. 그리고 그 마음과 관심을 그저 가슴속에 담아두지만 말고 표현해보라. 자신의 감정을 표현하기 위해서는 용기가 필요하다. 당신이 조금만 용기를 낸다면 친구를 얻을 수 있고 그들과 좋은 관계도 유지할 수 있을 것이다.

어린이들이 엘리베이터에 타는 상황을 가정해보자. 탈 때 인사도 하지 않고 무표정하던 아이들에게 몇 마디 말을 건네면 내릴 때는 인사를 한다. 아이들에게 관심을 보여줌으로써 그들이 마음의 문을 열었기 때문이다.

다른 사람에게 관심을 보이는 가장 좋은 방법은 인사를 잘 하는 것이다. 인사는 지위가 낮은 사람이 먼저 하는 것이 아니라 먼저 보는 사람이 먼저 하는 것이다. 하지만 우리는 서로 상대방이 먼저 인사하기를 기다린다. 서로가 그렇게 생각하니 인사가 오갈 리가 없다. 인사는 처음에 안 하면 나중에 하기가 더 어렵다. 인사는 하는 것도 중요하지만 잘 받아주는 것도 중요하다. 한 번 인사를 했는데 잘 받아주지 않으면 그 다음부터는 인사하기가 싫어진다. 인사하기 싫은 정도를 넘어 분노가 쌓인다. 이런 인간의 심리를 막스 뮐러는 그의 저서 《독일인의 사랑》에서 이렇게 표현했다.

"우리는 거의 인사하지 않는다. 왜냐하면 답례되지 않는 인사를 하는 것이 얼마나 우리 마음을 쓰리게 하는지 알기 때문이며, 한 번 인사하고 악수한 사람과 헤어진다는 것이 얼마나 슬픈 일인가를 알고 있기 때문이다."

좋은 인맥을 만드는 가장 좋은 방법은 나 자신이 좋은 사람이 되는 것이다. 내가 남에게 도움이 되지 않는 존재라면 아무리 좋은 인맥을 맺으려 해도 맺을 수 없다. 스스로 움직이지 않으면 세상은 변하지 않는다. 나 스스로 능동적이 되지 않으면 아무 일도 일어나지 않는다. 남이 나를 사랑해주고, 나의 말에 귀 기울여주고, 나의 어려움을 이해해주기를 바란다면, 먼저 나 자신이 그 사람에게 마음을 열고, 그의 말을 열심히 듣고, 공감하며, 그 사람의 고민을 함께 나누고 해결해 나가야 한다.
인간관계는 끊임없이 중심을 잡고 페달을 밟아야 가는 자전거와 같다. 생텍쥐페리의 어린왕자에 나오는 이야기처럼 '세상에서 가장 어려운 일은 사람의 마음을 얻는 일'인지도 모른다. 각각의 얼굴만큼이나 다양한 각양각색의 마음, 순간에도 수만 가지의 생각이 떠오르는 그 바람 같은 사람의 마음을 얻는 일은 참으로 어렵다.

사람의 마음을 잡는 가장 효과적인 방법은 바로 항상 다른 사람으로 하여금 그가 중요하다는 느낌을 받을 수 있게 하는 것이다. 그렇게 하기 위해서는 먼저 관심을 보이고 사랑해야 한다. 옛말에 '구슬도 꿰어야 보배'라고 했다. 아무리 가슴에 사랑을 품고 있다 하더라도 표현하지 않으면 사랑이 아니다. 사랑이란 타인을 향한 감정이 아니라 타인을 향한 행동을 말한다. 행동이 없는 사랑은 쏘지 않은 화살이며, 연주되지 않은 음악이다.

유쾌한 인간관계 포인트 37
내가 먼저 마음을 열어야 저쪽 마음도 열린다.

"Out of sight, out of mind" 란 말이 있다. 눈에서 멀어지면 마음도 멀어지고 인간관계의 깊이나 친밀도는 만남의 횟수에 비례한다. 아무리 가까운 사이라도 자주 만나지 않으면 친밀도가 낮아진다. 그동안 연락이 없었다는 것은 그 시간만큼이나 두 사람의 관계가 끊어졌다는 말과 같다. "언제 밥 한 번 먹자"고 버릇처럼 말하지만, 그 약속은 부도수표가 되기 십상이다. 습관처럼 "언제 한번 만나자"는 말을 내뱉지만 바쁘다는 핑계로 연락조차 안 한다. 생각해보면 바쁘기 때문이 아니라 마음이 없어서 못하는 것이다. 언제나 마음이 가는 곳에 시간이 있기 마련이다. 무슨 일을 하기에 완벽한 시간이란 존재하지 않는다. 지금 이 순간이 중요할 따름이다. 혹시 먼저 연락한 쪽이 손해를 보거나 자존심이 상한다고 생각하고 있지는 않은지?

누군가 먼저 손을 내밀고 먼저 고개 숙이기를 바란다면 평생 기다려야 될지도 모른다.

현대인들은 의사소통에 필요한 최첨단 장비들을 다 갖추고 있지만 마음을 전하는 데는 서툴다. 사연을 담은 편지가 사라진 지 오래 됐다 치더라도 그 흔한 전화 한 통화도 제때 못하는 경우가 많다. 무거운 역기를 드는 것도 아닌데 폰을 드는 것에 인색하다. 일 없이 그냥 연락해서 무슨 할 말이 있겠냐는 사람도 있다. 할 말이 없는 것이 아니라, 평소에 연락을 하지 않았으니 무슨 이야기를 해야 할지 모를 뿐이다. 평소에 자주 연락하는 사이에 얘깃거리가 더 많은 법이다. 거의 매일 만나는 친구나 애인 사이에 무슨 할 말이 그렇게 많을까 싶지만 자주 만날수록 할 말이 더 많이 생긴다. 약속시간에 늦으면 분위기의 주도권을 잃게 되듯이 전화도 거는 사람이 주도권을 잡게 된다. 뜻밖의 전화를 받은 사람은 불리하다. 전화를 걸면 상대방이 "안 그래도 전화하려고 했는데…"라며 말끝을 흐리는 경우가 많다. 그만큼 전화를 먼저 받으면 미안한 생각이 드는 것이다. 전화를 받는 사람이 되지 말고 거는 사람이 되어야 한다.

세일즈맨이나 자영업자의 경우, 고객의 기억에서 잊혀지지 않기 위해서라도 고객들에게 규칙적으로 전화를 해야 한다. 사업의 성공 비결은 되도록 자주 고객들의 마음에 당신의 이름을 각인시키는 것이다. 약간의 시간만 투자하면 자기의 네트워크를 잘 유지할 수 있다. 상대의 마음을 얻으려면 자주 봐야 한다. 보면 알게 되고 알게 되면 마음이 가게 된다.

서로 사랑하는 청춘남녀가 있었다. 두 사람은 서로 사랑했기에 결혼을 약속했다. 그런데 남자가 유학을 가게 되어 두 사람은 오랫동안 떨어져 살았다. 그들은 거의 매일 편지를 주고받으며 외로움을 달랬다. 세월이 흘러 남자가 유학을 마치고 돌아왔는데, 여자는 이미 다른 남자와 결혼한 뒤였다. 알고 보니 매일 편지를 전해주던 우편배달부와 결혼을 한 것이었다.

지어낸 이야기일 수도 있지만 있을 법한 내용이다. 또 다른 옛날이야기가 있다.

《맹자》에 이양역우(以羊易牛: 양으로써 소를 바꾼다)라는 고사가 나온다. 어느 날, 왕의 시종이 흔종(釁鐘: 새로 종을 주조할 때 동물의 피를 바르는 희생제)에 사용되는 소를 끌고 갔다. 왕은 떨면서 끌려가는 소의 모습을 불쌍히 여겨 소 대신 양을 쓰도록 했다. 소는 보았고 양은 보지 않았기 때문이다. 만약에 양을 먼저 보았다면 소로 바꾸었을지도 모른다.

꽃도 이름을 알고 나면 더 예쁘고 꽃말까지 알고 나면 더 사랑스럽다. 사람도 마찬가지다.

한 번도 얼굴을 보지 못한 사람보다는 한 번 인사를 나눈 사람에게 더 친근감을 느낀다. 한 번 악수를 한 사람과 스쳐 지나간 사람과는 느낌이 다르다. 우리가 단골집을 그냥 지나가기 힘든 이유가 바로 이것이다. 찾아보면 더 맛있는 식당도 있는 줄 알지만 발길을 그쪽으로 향하는 것이다. 우리가 관계를 맺으려면 먼저 마음을 열어야 하고, 관계가 깊어지려면 만남이 필요하다. 처음에는 덤덤한 사이라도 만남을 통해서 차도 마시고 밥도 같이 먹다 보면 가까워진다.

사람들은 자신이 다수 가운데 하나로 간주되기를 거부하며 남과 다른 대접을 받기를 원한다. 고객관리를 한다며 단체메일이나 문자메시지를 보내는 것이 효과가 있을 거라고 생각해서는 안 된다. 단체메시지를 받아보고 반가워할 사람은 없다. 정말 고객을 관리하기 위한 목적이라면 각각 그 사람에게 맞는 내용으로 이야기하듯 따로 보내야 한다. 고객들은 자신에게만 보내는 마음이 담긴 문자인지, 모든 고객들에게 일괄적으로 보내는 문자인지 금방 알아차린다.

중요한 사람이 되고자 하는 소망은 인간의 가장 뿌리 깊은 욕구이다. 사람들은 당신이 그들 하나하나를 특별한 존재로 인식해주기를 원한다. 그렇게 하기 위해서는 이메일 및 문자메시지

앞에 각자의 이름을 붙여주고 각 개인을 그들의 특성에 맞게 상대해야 한다. 상대방은 당신의 따뜻한 마음이 전달되어야 움직인다.

사랑하는 사람에게는 언제나 사랑의 말을 건네야 한다. 불씨는 화로 속에 묻어두어도 방을 따뜻하게 데워주지만, 마음에 숨겨 놓은 사랑의 말은 누구의 가슴도 따뜻하게 하지 못한 채 서랍 속의 씨앗처럼 결국 사그라지고 말 것이다.

우리는 수없이 다음으로 미룬다. 그러나 지금 당장 뭔가를 하지 않는 한 그 '다음'이라는 시간은 계속 '다음'으로만 남아 있을 뿐이다. 오늘 쓰지 못한 편지는 내일도 모레도 끝내 쓰지 못한다. 언제든지 갈 수 있는 곳은 영원히 못갈 수도 있고, 언제든지 할 수 있는 일은 영원히 못할 수도 있다. 오늘 바쁜 사람은 내일도 역시 바쁘게 살아갈 것이다. 다음이 아닌 바로 지금, 오늘만이 유일한 나의 것임을 가슴에 새기고 하루를 사는 지혜가 행복과 성공의 비결이다.

유쾌한 인간관계 포인트 38
마음이 가는 곳에 시간이 있기 마련이다.

인연도 내 책임이다

타인과 관계를 맺는 데에는 두 가지 법칙이 작용한다.

첫째는 유인의 법칙이다. 유유상종이란 말처럼 대개 사람들은 자신과 유사한 사람을 끌어들인다. 친구든 사업동반자든 배우자든 마찬가지다. 우리의 삶에 끌어들인 사람은 자신과 '마음의 성숙도'가 비슷하니 그렇게 되는 것이다. 여기에 인연이라는 운명적인 요소도 있지만 결국 그 사람을 택할 것인지 아니면 스쳐 지나갈 것인지는 본인의 판단이며 선택이다.

둘째는 일치의 법칙이다. 겉으로 드러나는 교우관계는 거울의 상처럼 자신의 내면세계를 반영하기 마련이다. 물이 높은 곳에서 낮은 곳으로 흐르고, 열이 높은 곳에서 낮은 곳으로 전달되는 것은 서로 같아지기 위해서이다. 사람의 기질도 서로 비슷해지기 마련이다. 상대를 내 쪽으로 바꿀 수 없다면 결국 상대방의 기질로 닮아가게 된다. 물론 《논어》에 나오는 화이부동(和而不同)을 실천할 수도 있지만 그것은 어느 정도의 경지에 도달한 사람만이 가능하다.

관계를 맺고 있는 사람은 대부분 스스로 선택한 것이다. 자신의 사고와 감정이 끌어들인 것이므로 인생에서 그들과 함께 행복하지 않은 것은 자신에게 책임이 있다. 사기꾼에게 속은 것도, 믿었던 사람에게 배신당한 것도 결국 내 탓이다. 인간관계에서 일어나는 모든 문제의 절반은 나에게 책임이 있다는 사실을 인정하면 상대에게 화를 낼 이유도, 원망할 이유도 없다.

좋은 인연, 나쁜 인연이 따로 있는 게 아니다. 내가 스쳐 지나갔어야 할 사람을 잡았거나 잡았어야 할 사람을 놓친 것이다. 지금 좋은 인연이라고 생각되는 사람도 언제 어떻게 바뀔지 모른다. 원수 같은 사람도 한때는 가까운 사이였다. 가까운 사이가 아니었다면 원수가 되지 못했을 것이다. 배신의 칼을 갈고 있는 사람도 마찬가지다. 믿어서는 안 될 사람을 너무 믿은 자신의 책임이다.

과거에 친하던 사람이 멀어지는 경우가 있다. 이것은 누구의 잘못도 아닌 자연스런 현상이다. 어렸을 때 입던 옷도 몸이 커지면 입지 못하는 것처럼 과거에는 마음의 성숙도가 비슷하여 가깝게 지냈지만 시간이 흐르면서 서로의 성격이나 가치관이 달라지면 멀어지기 마련이다. 공간적으로 멀어지는 것보다 마음에서 멀어지는 것이 더 많다.

차이가 나는 두 사람이 있다면 한 사람이 뒤꿈치를 들고 다니거나 아니면 다른 한 사람이 허리를 숙이고 다녀야 하는데 둘다 오래가기 어렵다. 서로에게 중대한 오해가 있다면 풀어야하겠지만 가치관이나 마음의 성숙도에서 오는 차이라면 굳이미련을 가질 필요가 없다. 독일의 철학자 게오르그 짐멜은 "모든 사람은 바다에서 그가 가진 그릇의 크기와 형태에 따라 물을 퍼 올릴 수 있다"고 말했다. 나의 삶에 누구를 끌어들이든 그것은 인연의 문제가 아니라 나의 그릇의 크기와 마음의 성숙도 그리고 나의 선택의 문제다.

어린왕자가 빈 병 한 무더기와 가득 찬 병 한 무더기를 앞에 두고 우두커니 앉아 있는 술고래를 보고 묻는다.

"아저씨 뭐 해?"

술고래는 몹시 침울한 안색으로 대답했다.

"술 마셔."

"술을 왜 마셔?"

"잊어버리려고 마신다."

"무얼 잊어버려?"

"창피한 걸 잊어버리려고 그러지."

술고래는 머리를 숙이며 고백했다.

"무엇이 창피해?"

"술 마시는 게 창피하지!"

어린왕자는 '어른들은 정말 괴상하고도 야릇하다'고 생각하며 그 별을 떠난다.

우리네 사는 모습도 어린왕자 이야기 속의 술고래와 큰 차이가 없다. 사람들은 인생이 여유롭고 풍요로워지기를 바라며 그것을 위해 오늘도 힘들고 어려운 일을 참아내며 살아가지만 과연 바라던 대로 살고 있는가?
너도 나도 집은 없어도 자가용을 타고 다니며 웬만한 일들은 컴퓨터로 처리한다. 하나씩 소유하고 나면 시간도 남고 사는 데도 여유가 생길 줄 알았는데 사람들은 여전히 바쁘고 더 여유가 없다. 자가용을 타고 다니는 사람은 차 유지비와 더 큰 차를 사기 위해 더 많은 돈을 벌어야 하기 때문에 더 바쁘다. 멈추면 쓰러지는 자전거처럼 계속 달려야 한다. 좀 더 많은 여유를 가지고 풍요로워지기 위해 갖고 있는 물건들 때문에 오히려더 살기 힘들어지고 세상의 모든 정보를 가지고 세상과 연결되어 살아가지만 정작 자신은 더 외로워지고 스마트한 삶과 멀어지고 있다.
가을 하늘이 유난히 높고 푸르게 보이는 것도 그때가 보는 사람의 마음이 가장 풍성하고 여유롭기 때문이다. 현실은 항상 바쁘고, 처리해야 할 일들과 만족스럽지 못한 것들로 가득 차 있지만 지나고 나서야 모든 순간이 꽃봉오리였다는 것을 알게 된다. 우리의 마음이 다른 것으로 가득 차 있어 지금의 소중한 것을 담을 수 없다.

우리는 있는 대로 보는 것이 아니라 보고 싶은 것만 보는 경향이 있다. 아기를 잃어버린 엄마에게는 아기밖에 안 보이고, 로또에 관심이 없는 사람은 몇 년을 같은 동네에 살아도 로또 가게가 어딘지도 모르고 사는 경우도 있다.

행복의 조건을 다 갖추어야 행복한 것이 아닌 것처럼 여유도 정말 시간과 돈이 많아야 생기는 것은 아니다. 그것들이 지나치게 많으면 오히려 거기에 매몰되기 쉽다. 원래 여유란 한가하거나 여건이 주어졌을 때 생기는 것이 아니다. 극한 상황에서 가질 수 있는 여유가 진짜 여유다. 아무리 급박한 상황이라도 마음만 먹으면 얼마든지 여유를 찾을 수 있다. 비슷한 실력이라면 바둑이나 장기를 두는 사람보다 옆에서 훈수를 두는 사람이 한 수 앞을 볼 수 있듯이, 눈앞의 현실에서 한 걸음만 물러나면 보다 여유로워질 수 있다.

유쾌한 인간관계 포인트 40
극한 상황에서 가질 수 있는 여유가 진짜 여유다.

숲속에 있을 때는 숲을 보지 못한다

정비석의《삼국지》첫 부분에 이런 내용이 나온다.

유비가 어렸을 때, 서당 선생이 겪은 이야기를 들려주었다.

어느 날, 길을 가는데 쫓기는 한 남자를 만났다. 그는 절대로 자기를 보았다는 이야기를 하지 말아달라고 신신당부를 하고는 길옆의 갈대숲에 숨었다. 잠시 후 황건적이 나타나서 서당 선생에게 칼을 들이대면서 남자의 행방을 대라고 협박했다. 서당 선생은 목숨에 위협을 느껴 갈대숲에 숨은 남자의 위치를 가르쳐주었다. 잠시 후 남자의 목숨은 비명과 함께 사라졌다. 제자들에게 이야기를 하면서 서당 선생이 마음 아파하자, 유비는 "스승님이 평소에 가지고 다니는 지팡이로 장님 흉내를 냈더라면 스승님도 살고 그 사람도 구할 수 있었을 것입니다"라고 말했다. 그때 스승은 유비가 큰 인물이 되리라고 생각했다.

'축록자불견산(逐鹿者不見山)'이라는 말이 있다. 사슴을 쫓는 자는 산을 보지 못한다는 말이다. 한쪽에만 정신이 팔린 사람은 다른 것을 보지 못한다. 반대편에 열린 창문을 두고 닫힌 창문으로 나가려고 붕붕거리며 날갯짓하는 벌만 어리석은 것이 아니다. 한 가지 방법에만 골몰해 다른 생각을 하지 못하는 어른들도 어리석기는 매한가지다.

높은 컨테이너를 실은 트럭이 터널을 지나가려다 터널입구에 꽉 끼어버렸다. 트럭 운전사와 트럭을 뒤따라가던 운전자들이 생각해낸 방법은 빨리 크레인을 불러 트럭을 뒤로 빼내는 일뿐이었다. 그러나 크레인이 도착해 아무리 트럭을 뒤로 당겨도 빠지지 않았다. 이때 지나가던 중학생이 한마디 툭 던졌다.

"바퀴 바람을 조금 빼면 트럭이 터널을 지나갈 수 있을 텐데."

숲 속에서는 산을 보지 못하며, 문제 속에 있을 때는 문제를 풀지 못한다. 유비와 중학생이 기지를 발휘할 수 있었던 것은 사물을 객관적으로 보는 여유가 있어 본질을 꿰뚫어볼 수 있었기 때문이다. 삶의 지혜는 한 걸음 뒤에서 볼 수 있는 여유가 있을 때 생긴다.

유쾌한 인간관계 포인트 41
사물을 객관적으로 보는 여유가 필요하다.

우리를 행복하게 만드는 것은 우리를 둘러싼 환경이나 조건이 아니라, 작은 것에서도 행복을 찾아내는 긍정적인 지혜와 급박한 상황에서도 흔들리지 않는 여유 있는 마음이다. 지금은 송곳 하나 꽂을 땅이 없는 자신의 처지를 비관할 수도 있지만 나중에는 꽂을 송곳조차 없을 수도 있는 게 인생이다. 사람의 욕심은 끝이 없다. 하나를 얻었을 때 느끼는 행복은 잠시뿐, 곧 얻고 나서 생기는 만족감보다 더 큰 소유욕이 스멀스멀 피어오른다. 행복은 어떤 객관적인 조건이 충족되었을 때 느끼는 것이 아니라 내가 만들어낸 감정의 상태다.

잔잔한 바다만 만나는 항해가 없듯이 우리의 삶도 여러 가지 역경을 만나게 된다. 역경에 처했을 때 가장 안 좋은 행동은 마음까지 인색해지고 초조해하면서도 화를 내는 것이다. 그러면

역경에서 빠져나오기는커녕 오히려 더 깊이 빠져들고 만다. 지금 슬퍼한 일이 나중에 전화위복이 될 수도 있고, 처음에 기뻐한 일이 후일에 화근이 될 수도 있다. 거센 폭풍도 한자리에만 머물지 않듯이 인생의 모진 바람도 인내하고 기다리면 지나가기 마련이다. 사람의 마음이란 자잘한 일에 시시콜콜 신경을 곤두세우면 점점 더 예민해지고 빡빡해져서 바늘 끝 하나 들어갈 틈조차 없지만, 마음을 크게 먹으려 들면 하해같이 넓어져서 웬만한 세상사는 넉넉히 받아들이는 여유를 가질 수 있다.

작은 그릇은 조금만 부어도 흘러 넘치지만 큰 그릇은 많은 것을 넣어도 좀처럼 넘치지 않는다. 얕은 시냇물은 그 흐름이 요란하지만 큰 강물은 소리 없이 흐른다. 태풍으로 높은 파도가 일렁일 때도 깊은 바다 속은 고요하다.

오리는 하루 종일 물속에 있다 나와도 털이 젖지 않고, 돼지는 독사에게 물려도 죽지 않는다. 자신을 외부의 자극으로부터 보호하는 보호막이 있기 때문이다. 우리의 정신과 육체를 외부의 자극으로부터 보호하기 위해서는 무소의 가죽처럼 질긴 보호막을 걸치거나 많은 것을 받아들이고도 넘치지 않을 정도로 마음의 그릇을 키워야 한다.

열역학에 '엔트로피의 법칙'이란 것이 있다. 이것은 '모든 물질은 자연상태에 두면 엔트로피가 증가한다'는 법칙인데, 다시 말하면 자연 그대로 두면 질서 상태에서 무질서 상태로 변한다는 것이다. 무엇인가를 의도적으로 행하여 엔트로피의 증가를 막지 않으면 만물은 무질서 상태로 변하는 것이 우주의 질서다. 사람이 의식적으로 마음의 상태를 조절하지 않으면 마음이 동요하거나 무질서 상태에 빠져든다.

파스칼은 "인간의 모든 비참함은 방 안에 혼자 조용히 앉아 있을 수 없는 데서 기인한다"고 했다. 마음이 평화로운 사람치고 매일 짧게나마 혼자만의 조용한 시간을 갖지 않는 경우는 드물다. 그것이 10분 동안의 명상이나 요가든, 자연속에서 잠시 취하는 휴식이든, 홀로 보내는 조용한 시간이 필요하다. 우리의 마음은 의식적으로 깨끗한 것을 채워 넣지 않으면 어느 순간에 더러운 것들로 가득 찬다. 명상을 하는 것은 우리 마음속에 차 있는 쓰레기를 버리고 맑은 것을 채워 넣는 작업이다.

불쑥 떠오르는 생각이 불쾌하고 이기적이며 잔인하더라도 그런 생각에 놀라지 마라. 생각은 생각일 뿐이다. 그것은 어디로 튈지 모르는 럭비공과 같다. 우리가 어떤 생각을 하더라도 생각을 행동으로 옮기지 않으면 아무런 문제가 없다. 나쁜 생각이 떠오르면 스스로 '내 속에 나쁜 생각이 올라오는구나' 하고 자신을 살펴라. 흙탕물을 가만 두면 서서히 가라앉듯이 생각을 다스리려고 하지 말고 생각을 살피면 저절로 가라앉는다.

우리의 생각은 제 마음대로 풀밭을 뛰어다니는 고삐 풀린 망아지와 같다. 억지로 망아지의 고삐를 잡아 묶어두려고 하면 망아지는 더욱 날뛴다. 망아지가 가는 곳을 가만히 쳐다보는 주인처럼 우리의 마음이 움직이는 것을 바라보라. 망아지가 날뛸 때는 멀리 갈 것 같지만 가만 둬도 울타리를 넘지 못한다. 한참 후 망아지가 얌전하게 풀을 뜯고 있듯이 우리의 마음도 차분하게 가라앉을 것이다.

자신의 삶을 사랑하고 자신의 일에 몰두하는 사람은 아름답다. 이마에 맺힌 땀방울은 물방울 보석보다 더 빛난다. 필사적인 모습보다는 그저 열심히 하는 정도의 모습만 보여주는 것이 좋다. 나머지는 결과로 보여주면 된다.

인생은 단거리 경주가 아니라 마라톤이다. 역경에 처했을 때 느긋하고 침착하게 힘을 비축하면서 기회를 기다려야 한다. 마음이 좁으면 외부의 조그마한 자극에도 쉽게 흔들리며 즉각적인 반응을 보이지만, 마음이 넓으면 무슨 일이 일어나더라도 대범하게 대처할 수 있을 것이다.

유쾌한 인간관계 포인트 42
생각도 흙탕물처럼 가만 두면 서서히 가라앉는다.

멋진 골 뒤에는 멋진 패스나 어시스트가 있다. 개인적으로 뛰어난 업적을 이룬 사람의 뒤에는 언제나 협조자가 있다. '삼중고의 성녀'라고 불리는 헬렌 켈러 뒤에는 가정교사 설리번이 있었다. 설리반의 뒤에는 사랑의 기적을 가르친 '로라'라는 간호사가 있었다. 보이는 것 하나가 있기까지는 보이지 않는 아홉이 있다. 사람은 혼자서는 성공할 수 없다. 반드시 타인의 도움을 받아야 한다.

인간은 사회적 동물이다. 바람개비도 바람이 있어야 돌아가고 물레방아도 물이 흘러야 돌아간다. 아무리 유능한 사람이라 하더라도 혼자 모든 능력을 겸비할 수는 없으며, 세상일이 혼자서 되는 것은 거의 없다.

요즘같이 복잡한 세상에서는 know-how도 중요하지만 knowwhere도 중요하다. 상대가 들어주기 힘든 부탁은 두 사람의 사이를 멀게 할 수도 있지만 상대가 쉽게 들어줄 수 있는 부탁은 두 사람을 더욱 가깝게 해준다. 처음부터 어려운 부탁을 하지 말고 쉬운 부탁을 많이 하라. 그러면 당신은 설리번까지는 아니더라도 당신을 도와줄 사람을 만날 수 있다.

세상이 아무리 삭막하다고 하지만 우리가 마음을 열기만 하면 이 세상은 서로 도우며 살아가려는 사람들이 너무도 많다. 모든 인간관계는 이러한 필요성에 의해 성립되는 것이다. 그러나 사람들은 '부탁도 안 했는데 남을 도와주는 것은 참견'이라 생각하며 도움을 요청하기 전에 먼저 도와주지는 않는다. 사람들이 부탁하는 데 서툰 것은 거절을 두려워하기 때문이다. 인생의 모든 분야에는 거절이 있다. 그들이 내 부탁을 반드시 들어줄 의무는 없다. 그래도 필요하다면 일단 부탁해야 한다. 해보지도 않고 물러나는 것은 바보 같은 짓이다.

《너만의 명작을 그려라》에 다음과 같은 이야기가 나온다.

한 소년이 뒷마당에서 끙끙대며 무거운 돌을 들어올리고 있었다. 소년은 있는 힘을 다해 들어올렸지만 돌은 꿈쩍도 하지 않았다. 소년의 아버지가 물었다.

"얘야, 그 돌을 들어올리기 위해서 네가 할 수 있는 일을 다 했느냐?"

"그럼요, 다 했고말고요!"

"정말 다 했다고 생각하느냐?"

아버지가 소매를 걷어붙이며 말했다.

"나한테 도움을 청하지 않았잖느냐."

인생과 사업에서 난관에 부딪칠 때는 사람들에게 나의 문제를 말하고 도움을 청해보는 지혜도 필요하다. 스스로 해결하려고 최선을 다해 노력해도 해결의 실마리가 보이지 않으면 혼자 끙끙거리지 말고 동료나 선배에게 물어보라. 그들은 이미 그 질문에 대한 답을 알고 있을지도 모른다. 모든 걸 혼자 해결하려 하면 편협한 생각에 빠져 앞으로 나아가지 못하고 현재에 머물 수밖에 없다. 세상은 돕기도 하고 도움을 받으며 살아가는 곳이다.

우리 속담에 "우는 아이에게 젖 준다"는 말이 있다. 물에 빠지면 살려달라고 해야 한다. 부탁할 일이 있는데도 '남이 알아서 해주겠지!'라고 생각하지 마라. 세상에 알아서 내 일을 해주는 사람은 없다. 대부분 자신의 일에 정신이 팔린 나머지 타인에게 관심을 가지지 못한다. 말하지 않으면 얼마나 곤란한 상황에 처했는지, 사정이 얼마나 어려운지 아무도 모른다. 그래서

도와주려 손 내미는 이도 없고, 함께 고민하며 문제를 해결해
주지도 않고, 관심을 가지지도 않는다. 당신의 사정을 모르기
때문이다.

유쾌한 인간관계 포인트 43
처음부터 어려운 부탁을 하지 말고 쉬운 부탁을 많이 하라.

대화를
잘하는
사람들

인간관계는 대화로 시작해서 대화로 끝난다. 타인에게 기쁨을 주는 것도 '말'이고, 상처를 주는 것도 '말'이다. 사람에 따라 향기가 묻어나는 말도 있고 가시가 돋친 말도 있다.

말은 할 때와 그칠 때를 알아야 한다. 말을 잘 하는 것도 중요하지만 잘 듣는 것도 중요하다. 대화의 주인공은 말을 잘 하는 사람이 아니라 잘 들어주는 사람이다.

해서 좋을 말이 아니라면 안 하는 게 더 낫고, 어렵게 말하는 것보다 쉽게 말하는 것이 더 낫다. 그리고 아무리 좋은 말이라도 길면 안 된다. 사람들은 짧게 말하는 것을 더 좋아한다. 그래야 자신도 하고 싶은 말을 할 수 있기 때문이다.

말은 그 사람의 마음과 인격의 척도이다.

말이 너무 많은 사람들, 함부로 말을 내뱉는 사람들은 상대방
에게 상처를 주기도 하고 자신이 그 화를 입기도 한다. 우리의
삶과 인간관계는 대부분 '말'로 이루어진다. 인간관계를 좋게
하는 것도 말이고 인간관계를 파멸로 이끄는 것도 말이다. 말
은 무사가 칼을 다루듯, 군인이 총을 다루듯 해야 한다.

말이 많으면 쓸 말이 적기 마련이다. 아무리 몸에 좋은 약도 많
이 먹으면 부작용이 생기고 뭐든지 넘치면 모자람만 못하다.
말을 독점하면 적이 많아지고, 말을 아끼면 친구가 많아진다.
명언과 명연설은 언제나 짧다. 소크라테스의 명언 "너 자신을
알라"는 여섯 글자밖에 안 되며, 링컨의 유명한 게티스버그 연
설도 2분짜리다. 아리스토텔레스의 말처럼 "현인(賢人)처럼
생각하고 범인(凡人)처럼 말해보라."

말을 잘하는 사람은 상황에 따라 길게도 말하고 짧게도 말한다. 생각은 깊게 하되 말은 쉬워야 한다. 깊은 생각에서 우러나온 짧은 말은 울림이 크다. 촌철살인이 아니더라도 말은 짧을수록 여운이 길다. 말을 어렵게 하는 사람과는 조금만 같이 있어도 피곤하다. 쉬운 것을 어렵게 말하는 것은 교만이며, 어려운 것을 쉽게 말하는 것은 겸손이다. '내가 무슨 얘기를 했느냐' 보다 '상대방이 무슨 얘기를 들었느냐'가 더 중요하다.

예전처럼 암묵적으로 서로의 마음을 이해하는 이심전심의 시대는 지났다. 이제는 필요에 따라 주장도 해야 한다. 침묵이란 입을 닫고 말을 하지 않는 게 아니라 말할 필요가 없을 때 말하지 않는 것이다. 과묵하다는 건 할 말을 참는 게 아니라 필요한 말을 하되 간결하고 명료하게 말하고 사족을 달지 않는다는 뜻이다. 고스톱을 칠 때 남의 패는 보지 않고 자기패만 보는 사람은 돈을 잃기 마련이고, 말을 할 때 상대방의 표정을 살피지 않고 자기 말에만 열중하는 사람은 사람을 잃기 마련이다. 상대가 내 말에 집중을 하지 않으면 "내 말을 좀 들어봐!" 라고 말할 게 아니라 내 말을 끝내야 할 때임을 알아야 할 것이다.

동네축구와 프로축구의 가장 큰 차이점은 '패스'에 있다. 동네축구는 자신이 골을 넣을 것만 생각하고 공을 잡으면 일단 무조건 몰고 간다. 그러나 프로축구는 공을 잡으면 누구에게 줄 것인가를 먼저 생각한다. 대화도 축구와 마찬가지로 말이 오고 가야 한다.

캐치볼도 비슷하다. 서로가 잡을 수 있는 곳으로 공을 던지고 받아야 재미있다. 캐치볼과 대화, 프로축구와 대화는 그 맥락이 닿아 있다. 우리는 상대방이 전화를 받지 않으면 그냥 끊고 말지 음성메시지를 잘 남기지 않는다. 쌍방향이 아닌 혼자서 차가운 폰에다 대고 말을 하는 게 내키지 않기 때문이다. 캐치볼처럼 말이 부드럽게 오가기 위해서는 상대방의 이야기에 맞장구를 쳐주는 것이 중요하다. 누가 얘기하거든 바로 응수해주는 것이다.

"응, 그랬어?"

"옳으신 말씀입니다."

"잘 하셨어요."

"우와, 대박!"

상대의 이야기에 맞장구를 쳐준다고 기분 나빠할 사람은 없다. 남을 즐겁게 해주는 사람이 성공하는 법이다. 그렇다고 아첨꾼이 되라는 것은 아니다. 어떤 사람이 은근히 자기 자랑을 늘어놓더라도 이런 식으로 응수하는 것은 썩 좋은 방법이 아니다.

"아, 저도 거기에 가봤어요."

"저도 그런 것 가지고 있어요."

이런 말은 자신을 은근히 드러내면서 존중받고 싶은 상대의 마음에 찬물을 끼얹는다. 그 대신 이렇게 말해주는 게 좋다.

"아주 멋진 곳을 다녀오셨군요. 부럽습니다."

"정말 예쁜 것을 가지고 계시네요."

반에서 1등한 딸을 자랑스럽게 말하는 사람에게 '우리 아들은 전교에서 1등했다'고 하는 사람은 뒷감당을 어찌하려고 그런 말을 하는 것일까. 상대가 자랑스럽게 생각하는 일은 칭찬해주고, 수치스럽게 생각하는 일은 덮어주는 게 좋다.

하찮은 업적을 자랑하기 위해 상대방을 지루하게 만들기에는 우리의 인생이 너무나 짧다. 늘 입을 무겁게 하고, 상대방이 마음껏 이야기하고 자기 자랑을 많이 하게 배려하여 기분을 돋워줄 때 대화는 나에게 유리하게 작용한다. 상대방이 직접 자기 자랑을 늘어놓게 만드는 일이야말로 고수 중의 고수다. 그것이 바로 상대방에게 완전한 애정과 존중을 베풀 수 있는 직접적인 방법이다.

유쾌한 인간관계 포인트 45
상대가 자랑스럽게 생각하는 일은 칭찬해주고,
수치스럽게 생각하는 일은 덮어준다.

조금 어눌해도 진정성 있게

독버섯은 화려한 빛깔로 사람을 유혹하지만 몸에 좋은 송이는 눈에 잘 띄지 않는다. 최고의 검객은 칼끝이 요란하지 않듯이 진실한 말은 요란한 몸짓을 요구하지 않는다. 말을 잘 못한다고 해서 기죽을 필요 없다. 말을 잘하고 싶은 욕망을 갖고 있으면서도 사람들은 박식한 데다 말까지 너무 잘하는 사람에게 일종의 거부감을 느낀다.

노자《도덕경》에 "완전한 솜씨는 약간 서툴게 보이고, 완전한 언변은 약간 어눌해 보인다(大巧若拙 大辯若訥)"는 말이 있다. 눌변은 달변보다 진실성이 있어 보이며, 사람들은 달변가는 무언가를 속이고 있다고 의심한다. 마치 시장터에서 약장수가 약 파는 것을 구경하는 것은 즐겁지만 막상 사고 싶지는 않은 것과 같은 이치다. 세일즈에서 달변보다 눌변인 사람이 실적이 좋은 것도 같은 맥락이다.

춘추전국시대에 많은 세객들의 종말이 비참했던 이유는 그들이 겉만 화려하게 포장된 달변가였기 때문이다. 만약 그들의 말이 어눌하지만 진정성이 담긴 눌변이었다면 운명이 달라졌을지도 모른다. 아무리 화려한 미사여구와 치밀한 논리를 앞세워도 진정성이 느껴지지 않는다면 결국 상대방의 불신을 사게 되어 원하는 것을 이룰 수 없다. 남을 감동시키기 위해 필요한 것은 막힘없는 말솜씨 보다는 마음에서 우러나오는 진심이다. 상대를 평생 내 사람으로 만들지, 혹은 적으로 만들지는 오로지 당신의 세 치 혀와 양쪽 귀에 달려 있다는 사실을 명심해야 한다. 말을 잘 하는 것도, 잘 듣는 것도 모두 중요하다. 하지만 같은 대화라도 누가 한 말인가가 더 중요하다. 뛰어난 화술보다 더 근본적으로 필요한 부분은 신뢰성이 있으며 인간성 좋고 매력적인 사람이 되는 것이다. 그때는 당신이 비록 쑥떡같이 말하더라도 상대방은 찰떡같이 알아들을 것이다.

맛있는 음식을 만들기 위해 좋은 재료를 사용하듯이 좋은 대화를 하기 위해서는 좋은 화젯거리가 많아야 한다. 좋은 대화를 위한 가장 효과적인 방법은 독서와 사색을 많이 하는 것이다. 독서와 사색은 불가분의 관계에 있다. 독서 없는 사색은 재료가 적게 들어간 요리와 같고, 사색 없는 독서는 잘 씹지 않고 삼킨 음식과 같다. 또한 독서 없는 대화는 단조로운 악보만 연주하는 악기와 같고, 사색 없는 대화는 조율하지 않은 악기와 같이 거칠다.

말을 할 때 의미심장한 이야기부터 꺼내지 마라. 대화는 베토벤의 운명교향곡이 아니다. 사소한 일상사를 얘기하는 것을 두려워하지 마라. 운명교향곡과 같이 처음부터 강하게 나오는 음악도 있지만 대부분의 음악은 처음에는 약하게 시작되다가 나중에 클라이맥스로 올라가고, 훌륭한 복서도 처음에는 가벼운 잽부터 넣고 나중에 결정타를 날린다. 의미 깊은 화제를 찾으려고 애쓸 필요도 없다. 세상에 지혜의 불꽃을 끊임없이 쏟아내는 사람은 없다. 완전한 대화를 하려 하거나 진부한 대화를 두려워하면 훌륭한 대화는 꿈도 꿀 수 없다.

세상에는 꼭 필요한 것만 존재하지는 않는다. 공기 중에도 우리가 숨을 쉬는 데 꼭 필요한 산소는 약 21% 밖에 되지 않으며 대부분은 우리 몸에 필요도 없는 질소가 차지한다. 저질의 광석을 캐내지 않고서는 양질의 황금을 얻지 못하는 법이다. 결코 완전해지기를 바라지 마라. 대화의 주인공은 내가 아니라 상대방이다. 그러므로 화젯거리도 상대방에 맞추는 것이 좋다. 상대방이 먼저 화제를 꺼내면 거기에 맞는 이야기를 하고, 말이 끊어지면 상대방이 듣기 좋고 하기 좋은 주제로 대화를 이어가면 된다. 인간이 일생 동안 살아가면서 이야기하는 화제의 3분의 1은 남 이야기이고, 3분의 1은 성(性)과 먹는 것에 관한 이야기이며, 결국 나머지 3분의 1만이 필요한 이야기다.

왜 우리는 자신과 직접적으로 관계도 없는 남의 일에 관심이 그리 많은 것일까? 심지어 니체는 "병문안을 하는 것은 이웃 사람의 무력함을 보고 우월감을 즐기는 것이다"라고 말했다. 이는 자신보다 못한 처지에 있는 사람에 대해 이야기함으로써 위안을 얻기 위한 대리만족이며, 자신의 지인 중에서 높은 지위에 있는 사람에 대해 이야기하는 것은 자신이 그런 부류들과 동일선상에 있다는 걸 과시하기 위한 것이다. 이 두 가지가 다 자신의 정체성의 결핍과 열등감에서 나온다.

남자들이 군대 이야기를 많이 하는 건 불확실한 미래를 이야기하지 않아도 되기 때문이다. 이미 결말을 알고 있는 TV드라마 사극의 시청률이 높은 것도 같은 원리다. 미래의 비전이 없을수록 과거의 이야기가 많다. 자신의 일에 최선을 다하고 목표가 뚜렷한 사람은 남의 이야기와 과거 이야기를 잘 하지 않는다. 그 시간에 자신의 일을 계획하고 실천해야 하기 때문이다.

유쾌한 인간관계 포인트 46
뛰어난 화술보다 더 중요한 것은 신뢰를 줄 수 있는가이다.

잘 말하는 것이 중요하다

'말을 잘하는 것'과 '잘 말하는 것'은 다르다. 말을 잘하는 것은 겉으로 드러나는 언어를 잘 구사하는 것이고, 잘 말하는 것은 언어 자체도 중요하지만 비언어적인 것, 즉 눈빛과 표정, 자세, 몸짓, 목소리, 화제, 타이밍, 감정, 공감 등 정서적인 것을 잘 구사하는 것이다.

잘 말한다는 것은 이야기를 어떻게 전개해 나가는지도 중요하지만, 어떤 소재를 가지고 얼마나 적절한 타이밍에 말하는지도 중요하다. 같은 말이라도 때와 장소에 따라 받아들이는 것이 다르다. 말은 상대가 들을 준비가 되어 있을 때 해야 효과가 있다. 아무리 의도가 좋더라도 타이밍을 맞추지 못하면 효과가 없을 뿐만 아니라 때로는 역효과가 난다. 말을 해야 될 때와 하지 말아야 할 때를 구분하지 못하는 사람은 분위기 파악이 되지 않는 사람으로 인식된다.

인간은 눈앞에 있는 것을 보고 소리 나는 것을 듣는 게 아니라, 자신이 보고자 하는 것만 보고 듣고자 하는 것만 듣는 경향이 있다. 상대방이 침울해하고 있을 때에는 섣불리 말을 걸지 않는 게 좋다. 사람들은 대개 기분이 저조한 상태에서는 정보를 수용하려 들지 않기 때문이다. 대화를 하는 데 있어 타이밍은 아주 중요하다. 권투에서 같은 펀치라도 상대방이 들어오면서 맞는 펀치와 물러나면서 맞는 펀치가 그 강도가 다르듯이, 같은 말을 걸더라도 타이밍이 좋고 나쁨에 따라서 상대의 반응이 달라지는 것은 당연한 이치다. 그러므로 가장 효과적인 시기를 잘 택할 줄 알아야 한다.

뉴욕에서 한 걸인이 팻말을 들고 구걸을 하고 있었다.

"불쌍한 장님입니다. 배가 고파 죽겠습니다."

하지만 그의 깡통은 비어 있었다.

지나가던 한 사람이 팻말 뒷면에 다른 문장을 써주었다. 그러자 그의 깡통은 차기 시작했다. 그가 고쳐 쓴 팻말에는 다음과 같은 글이 씌어 있었다.

"봄이 오고 있습니다. 그러나 저는 봄을 볼 수 없습니다."

이런 것이 '잘 말하는 것'이다. 길지도 않다. 딱 두 문장이다.

또 이런 경우도 있다. 한 여성회원이 저녁 6시 반에 시작하는 모임에 회사 사정이 있어 30분 정도 늦겠다는 문자를 보냈다.

"오늘 부서 심방예배가 있어서 7시가 되어 도착할 것 같아요. 최대한 빨리 가겠습니다. 남은 오후 시간도 화이팅하세요."

이 문자에 재치 있는 한 회원이 이렇게 답을 보냈다.

"네, 천천히 오세요. 어차피 ○○님이 와야 시작되니까요."

그러자 즉시 답문자가 왔다.

"아이쿠! 더 빨리 날아가겠습니다!"

결국 그 모임에서 그 여성회원이 제일 먼저 도착했다.

말을 잘 하는 것도 중요하지만 잘 말하는 것이 더 중요하다. 이 것은 겉만 번지르르하게 말하는 것보다 적당한 어휘를 골라 상대방과 공감하며 말하는 것이 더 중요하다는 의미다. 낚시를 잘하는 사람은 물고기의 입장에서 물고기처럼 생각한다. 대화를 잘하는 사람은 늘 상대방이 무엇을 원하는지를 염두에 두고 상대방의 입장과 수준에서 얘기를 한다.

유쾌한 인간관계 포인트 47
대화는 언어 자체보다 비언어적인 요소로
상대의 마음을 움직이는 것이 더 중요하다.

물이 나오는 호스를 손으로 막으면 물은 더 세게 엉뚱한 곳으로 튀어나간다. 상대방의 말을 중간에 막는 것은 호스를 막는 것과 같다. 도마뱀의 꼬리는 잘라도 다시 생겨나지만, 사람의 말을 자르면 다시는 마음속의 이야기를 하지 않으려고 할 것이다. 설혹 견해의 차이가 있더라도 말을 가로막는 것은 좋지 않다.

사람들은 타인의 이야기를 듣기보다 자기 이야기를 하는 것을 더 좋아하고, 말을 잘 하는 사람보다 자신의 말을 잘 들어주는 사람을 더 좋아하는 법이다. 대화를 잘 하는 사람은 말을 유창하게 하는 사람이 아니라 다른 사람의 말을 잘 들어주는 사람이다.

상대방이 생각하느라 시간을 끌며 적절한 표현을 찾고 있을 때에는 그의 말에 끼어들지 않는 게 좋다. 마치 당신이 상대의 생각을 다 읽고 있으며 그가 당신에게 전하고 싶은 말이 무엇인지 이미 알고 있는 것처럼 행동하는 건 좋지 않다. 일단 판단을 내리지 말고 듣기만 해보라. 그러면 당신과 함께 있는 사람은 자신의 견해에 대해 당신이 보이는 존경심과 기꺼이 들으려는 당신의 의지를 함께 감지할 것이다. 상대방이 자기가 하던 말을 스스로 끝내게 내버려두는 게 좋다.

주위에서 벌어지는 대화를 유심히 관찰해보면, 사람들은 대개 타인의 말에 귀를 기울이는 것이 아니라 자신이 말할 기회를 기다리고 있다는 걸 알게 된다. 왜 사람들은 상대방의 이야기를 건성으로 듣는 것일까? 심리학자들의 연구에 따르면, 말하는 속도보다 생각하는 속도가 몇 배나 빠르기 때문이라고 한다. 말하는 사람은 상대방이 관심 있어 하는 것을 이야기한다고 생각하지만, 듣는 쪽에서는 말하는 사람의 생각을 마음속으로 모두 파악했다고 믿기 때문에 건성으로 듣는 것이다.

진짜 잘 싸우는 병사는 싸우는 것보다 기다리는 것을 더 잘한다. 상대방이 말할 때는 마음을 열고 참을성 있게 귀를 기울여라. 말을 가로막고 싶을 때는 아랫입술을 깨무는 것도 좋은 방법이다.

말을 잘 못한다고 해서 사이가 멀어지는 경우는 없으나 말을 잘 듣지 않아서 그런 일이 생기는 경우는 많다. 상대방의 말을 잘 경청한다는 것은 상대방에 대한 최고의 찬사 중 하나다. 말을 잘 들어준다는 것은 그 사람에 대해 애정을 가지고 있음을 보여주는 것이다. 그래서 누구나 자신의 이야기를 귀담아 들어주는 사람을 좋아한다. 습관적으로 불평이나 불만을 털어놓거나 거친 말을 일삼는 사람도 끈기 있게 자신의 이야기를 들어주는 사람 앞에서는 유순해지기 마련이다.

한 정신의학자의 연구에 따르면, 많은 사람들이 겪고 있는 불행의 원인은 어떤 이유로든 자기 자신을 표현하지 못하고 가슴 속에 그대로 묻어두기 때문이라고 한다. 그래서 때때로 사람들은 정신과 의사를 찾아가 이야기를 풀어놓기도 한다.

사실 '다른 사람의 말을 잘 들어주는 일'은 말이 쉽지, 이것만큼 실천하기 어려운 것도 없다. 정말 지루하게 이야기하는 사람과 대화할 때는 이야기 중간에 약간 끊기는 타이밍을 포착하여 자연스럽게 다른 쪽으로 유도하는 기술이 필요하다. 그리고 정말 바쁠 때는 '미안하지만 바쁘니까 용건만 간단히 말하라'고 정중하게 말할 줄도 알아야 한다.

말 잘하는 사람이 쉽게 눈에 띄는 세상이다. 다른 사람의 얘기를 잘 들어주는 사람은 의외로 드물다. 그래서 남의 말을 잘 들어주는 것 하나만으로도 경쟁에서 우위를 차지할 수 있다. 잘 듣는다는 것은 기술이나 테크닉의 문제가 아니라 인격의 문제다. 잘 듣기 위해서는 세상을 보는 시각, 사람을 대하는 자세가 먼저 변해야 한다. 상대를 존중하고, 내게 뭔가 부족한 점이 있으며, 상대에게 배울 게 있다고 느끼는 사람만이 진정으로 경청할 줄 알기 때문이다. 그리고 무엇보다도 상대방을 내 마음에 담을 수 있도록 나의 마음을 키워야 한다.

상대방과 함께 있을 때는 다른 일을 처리하지 않는 것이 좋다. 서류를 이리저리 뒤져보거나 다른 물건을 찾거나 하지 말고 상대방에게 항상 시선을 고정하는 것이다. 그리고 상대방이 이야기하는 동안 대답할 말을 찾느라 궁리하지 마라. 대답이 중요한 게 아니라 관심 있게 듣는 게 중요하다. 상대방은 자신의 이야기를 하러 온 것이지 굳이 대답을 들으러 온 게 아니다. 자신이 열심히 말을 하다 보면 대답은 스스로 찾게 마련이다. 지금 당신 앞에 있는 사람에게 최선을 다하라.

유쾌한 인간관계 포인트 48
잘 들어주되,
필요할 때는 적절하게 화제를 다른 쪽으로 유도하는 기술이 필요하다.

김밥을 맛있게 하기로 소문난 할머니에게 그 비결을 물었다.
비결은 특별한 게 없었다. "좋은 재료를 쓰면 된다"는 것이었
다. 또 현풍곰탕의 원조할머니에게 그 비결을 물었더니 "고기
를 많이 넣으면 된다"고 했다.

이렇게 음식재료가 음식의 맛을 결정하듯이 그 사람이 쓰는 어
휘가 그 사람의 품격을 결정한다. 어휘에 따라 말의 품격이 달
라지고 재료에 따라 음식의 맛이 달라진다는 말이다. 그 외에
말과 음식의 공통점은 어떤 것이 있을까?

상대에 따라 방식이 달라야 한다. 말은 듣는 사람을 생각하면
서 해야 하고, 음식은 먹을 사람을 생각하면서 만들어야 한다.
내가 하는 말과 만드는 음식이 상대에게 어떻게 받아들여질 것
인가를 먼저 생각해야 한다. 할머니에게 하는 말과 아이에게

하는 말이 다르듯이 지식이 많은 사람과 그렇지 않은 사람에 따라 쓰는 어휘가 달라야 한다. 상대방의 식성에 따라 음식을 다르게 만들어야 하듯이 상대의 관심분야에 따라 하는 이야기가 달라야 한다.

타이밍도 잘 맞추어야 한다. 배가 고플 때는 뭐든지 맛있고 배가 부를 때는 아무리 좋은 음식이라도 당기지 않는다. 말도 그러해야 한다.

아무리 맛있는 음식이라도 과식을 하면 무리가 오는 것처럼, 아무리 좋은 말이라도 너무 길면 부작용이 생긴다. 적당히 먹었을 때 숟가락을 놓는 것이 좋듯이 말도 어느 정도 했으면 마치는 것이 좋다. 욕심으로 더 먹으면 배가 탈이 나고, 끊어야 할 때 좀 더 말하면 지금까지 했던 말의 의미도 반감된다. 조금 부족하다고 생각될 때가 충분할 때다. 적당하게 말하는 게 중요하다.

여기에 맛을 살리는 양념도 필요하다. 말은 듣기 좋아야 하고 음식은 먹기 좋아야 한다. 요리는 신선하고 영양도 있어야 하지만 음식 맛은 양념이 살린다. 말은 내용도 중요하지만 재미도 있어야 한다. 음식에는 양념이, 말에는 유머가 필요하다. 양념과 유머는 적절할 때는 빛이 나지만 지나치면 오히려 본질을 흐리게 한다. 이것은 없는 듯 있어야 빛이 난다.

지루하고 거북한 말은 살짝 피하는 게 좋다. 상대가 대접하는 음식을 맛있게 먹는 것이 매너이지만 그렇다고 다 먹을 수는 없다. 마찬가지로 상대가 하는 말을 잘 들어주는 배려가 필요하지만 그렇다고 다 들어줄 수는 없다. 먹을 수 있는 것은 맛있게 먹고 남겨야 할 것은 남기듯이, 상대의 말을 잘 듣되 너무 장황하거나 주제에서 벗어나면 화제를 살짝 돌릴 줄 아는 센스도 필요하다.

음식은 맛이 좋아야 하고, 말은 듣기 좋아야 한다.

내가 궁금한 것을 물어보는 것도 좋지만, 때로는 상대가 자랑하고 싶어 하는 것을 물어봐주는 것도 필요하다. 이런 행동은 관계를 더욱 좋게 한다. 사진을 좋아하는 사람에게는 사진을, 책을 좋아하는 사람에게는 책에 대하여, 여행을 좋아하는 사람에게는 여행에 대해 물으면 금방 환한 얼굴로 대답할 것이다.

상대방의 약점을 건드리는 질문은 하지 않는 게 좋다. 백수에게 무슨 일을 하는지 묻지 말 것이며, 미혼의 남녀에게 언제 결혼할 것인지 묻지 마라. 그들은 이미 그런 질문을 수없이 받았으며 그때마다 무슨 답을 할지 곤란할 것이다. 그 대신 그들의 가치를 인정해주는 질문이 어떤 것일지 고민하고 대답을 잘 들어주는 게 좋다. 그것으로 상대방은 이미 당신에게 마음의 문을 열고 있다.

많은 사람들은 자신의 무지를 다른 사람에게 보이고 싶어 하지 않으며, 자신의 약점과 부족함을 감추기 위해 허세를 부린다. 자신을 있는 그대로 인정하기 위해서는 큰 용기가 필요한데, 대부분의 사람들은 그런 용기가 없다.

상대방을 사로잡는 가장 빠른 지름길은 그 사람의 관심사에 대해서 이야기하는 것이다. 무슨 말을 해야 될지 모를 때는 먼저 상대방에 대한 이야기를 꺼내는 게 좋다. 싫어하는 것에 대한 이야기 말고 좋아하는 것을 화제로 삼아야 한다. 그들은 신이 나서 이것저것 알려줄 것이다. 대화를 잘 하는 사람은 상대방이 진심으로 관심을 갖고 있는 것이나 상대방에 대해서 질문함으로써 대화를 이끌어낸다.

나의 지인 중에 개인택시를 하는 사람이 있다. 나는 그를 만날 때마다 운전 대신 사법연수중인 아들의 근황을 묻는다. 그때 그는 아주 행복한 사람이 된다는 걸 알기 때문이다.

대부분의 사람들이 대화를 잘 못하는 이유는 자기가 좋아하는 화제만 열심히 찾기 때문이다. 사람들은 철저히 주관적이어서 자신 외에는 별 관심이 없다. 무슨 말을 해도 자신의 상황만 생각한다. 그러나 약간이라도 자신에 대한 이야기가 나오면 금세 관심을 기울인다. 상대방이 좋아하지 않는 이야기는 몇 분만 해도 하품이 나오지만 좋아하는 분야의 이야기를 하면 상대방은 몇 시간이라도 귀를 기울이고 싫증을 내지 않을 것이다.

영어의 'ask'는 '묻다'는 뜻도 있지만 '부탁하다'는 뜻도 있다. 결국 '묻는 것'과 '부탁하는 것'의 어원은 같은 것이다. 공부를 잘 못하는 학생들의 특징은 질문을 잘 안 한다. 질문하는 것을 부끄럽게 여기기 때문이다. 아무리 좋은 선생도 학생이 질문하지 않으면 더 이상 가르쳐줄 게 없다. 또한 성공하지 못하는 사람은 부탁을 잘 안 한다. 부탁하는 걸 부담스럽게 생각하기 때문이다. 아무리 능력이 있고 도와주고 싶은 마음이 있는 사람도 상대가 부탁하지도 않았는데 알아서 도와주지는 않는다. 다른 사람의 도움이 필요하면 거절을 두려워말고 부탁하라.

상대방이 자랑하고 싶어 하는 '화제'를 찾아서 질문하라.

남편의 장례식 추도사에서 좋은 말이 너무 많이 나오자, 고인의 부인이 아들에게 "오늘이 네 아버지 장례식이 맞느냐?"고 물었다는 이야기가 있다. 우리는 고인에게는 온갖 좋은 말을 아끼지 않는다. 죽은 자는 이미 경쟁 상대가 아니기 때문이다. 우리는 노인과 아이들에 대해서는 칭찬을 아끼지 않는다. 노인은 과거에 살고 아이들은 미래에 살며 오늘에 살지 않기 때문에 그들에게는 질투를 하지 않는다. 괴테는 "타인을 칭찬하는 것은 자기가 낮아지는 것이 아니라 오히려 상대방과 같은 위치에 자기를 끌어올리는 것"이라고 말했다.

아무리 찾아봐도 '칭찬할 거리'가 없다고 말하는 사람들이 있다. 이는 성적이 밑바닥인 학생이 '공부할 게 없다'고 말하는 것과 매한가지다. 공부도 일단 해보면 할 게 자꾸 나오듯이 칭찬도 처음에는 어색하지만 자꾸 하다 보면 칭찬할 부분이 보인다. 관심을 가지고 보면 언제든지 찾을 수 있다.

정신분석의 창시자 프로이트는 인간의 가장 강렬한 욕구는 '성적인 욕구와 위대해지고 싶은 욕망'이라고 했으며, 미국의 철학자이자 교육학자인 존 듀이는 '중요한 사람이 되고자 하는 욕망'이라고 했다. 미국의 심리학자이자 철학자인 윌리엄 제임스는 '상대방에게 인정받고 싶은 마음'이라고 말했다.

25년간 3만5천명을 인터뷰한 오프라 윈프리의 말에 따르면, 자신의 쇼에 출연한 모든 사람들이 방송이 끝난 후 "나 괜찮았어요?"라고 물었다고 한다. 인정받고 싶어 하고 칭찬받고 싶어 하는 욕구는 대통령도 영웅도 비욘세도 예외가 아니었다.

에너지는 강한 데서 약한 데로 흐른다. 물은 높은 곳에서 낮은 곳으로 흐르며, 열도 뜨거운 데서 차가운 데로 흐른다. 동료를 진심으로 칭찬할 수 있다면 당신은 그 사람보다 더 훌륭한 사람이다. 그리고 타인의 장점을 바라볼 줄 안다면 당신 역시 타인들에게 장점을 가진 한 인간으로 비춰질 것이다.

칭찬받고 싶은 욕구는 대통령도 예외가 아니다.

이 세상에는 완전무결한 사람도 없고 장점이 하나도 없는 사람도 없다. 인간은 누구나 각자 잘하는 부분을 갖고 있다. 모든 사물이 그렇듯이 사람도 양면성이 있다. 보는 각도에 따라 그것이 장점이 될 수도 있고, 약점이 될 수도 있다. 같은 행동이라도 '느리다'고 답답해할 수도 있지만 '신중하다'고 받아들일 수도 있다. 상대방에 대한 관심과 애정이 깔려 있어야만 그 사람의 실체를 볼 수 있다. 그때 보이는 것을 인정하는 게 멋진 칭찬이다.

관심이 없으면 칭찬할 내용이 없고, 배려하는 마음이 없으면 칭찬해야 할 이유가 없다. 배려는 상대가 드러내고 싶어 하는 것을 드러내주고, 숨기고 싶은 것을 눈감아주는 것이다. 사람은 나를 알아주고 내가 잘하는 것을 칭찬해주고 내가 부끄럽게 생각하는 것을 덮어주는 사람에게 약할 수밖에 없다.

사람들은 자기가 칭찬받고 싶은 일, 인정받고 싶은 내용을 화제에 많이 올린다. 그곳이 바로 급소다. 그곳을 찌르면 상대방은 함락된다. 그 급소를 찾으려면 상대방이 즐겨 화제로 삼는 것을 주의해서 관찰해보라. 마음을 열면 칭찬할 대상이 눈에 들어오고 그때 보이는 것을 말해주면 된다.

사람들은 작은 것은 그냥 넘기고 큰 것만 칭찬하려고 한다. 삶은 작은 일상으로 이루어진다. 작은 것을 무시하고 큰 것만 찾으면 실망하게 되고 결국 인생이 시들해진다. 작은 것을 무시하지 말고 당연한 것을 간과하지 마라. 나에게는 사소한 일이지만 상대에게는 큰 것일 수도 있다. 모든 사람들이 슈퍼맨이고 제갈공명인 건 아니다.

칭찬은 결코 기술이 아니다. 다만 그 사람의 총체적인 인격이 언어로 표현된 것일 뿐이다.

긍정적인 사고로 무장하지 않으면 칭찬할 것보다 부정적인 면이 더 잘 보이며, 주도적이지 않으면 상대방을 먼저 칭찬하기 어렵다. 상대방이 바뀌어야 칭찬할 수 있는 게 아니라 내가 관점을 바꾸면 칭찬을 할 수 있다. 세상은 어떻게 보느냐에 따라 다르게 보인다. 비난에는 에너지가 필요 없지만 칭찬에는 에너지가 필요하다. 긍정적인 생각을 하면 에너지가 생기고, 그 에너지가 또 다른 긍정적인 생각을 할 수 있도록 도와준다.

에너지는 그냥 생기지 않는다. 방대한 독서를 통해 지식과 교양을 쌓은 사람이라야 상대를 칭찬할 수 있는 힘을 얻는다. 건강이 좋지 않은 사람은 남을 칭찬할 수 없다. 꾸준한 운동으로 좋은 컨디션을 유지해야 다른 사람에게 활력을 불어넣을 수 있는 힘을 갖게 된다. 마음에 여유가 있어야 자연스럽게 바람직한 말과 행동이 나오며, 상대방을 추켜세워도 자신이 낮게 보이지 않을 정도의 자존감이 있어야 상대방을 칭찬할 수 있다.

칭찬은 타인에 대한 관심과 사랑이며, 자신에 대한 하나의 신념이며 용기다. 그리고 그 사람의 내공의 깊이다. 큰 그릇은 작은 그릇을 담을 수 있다. 자신 있는 사람은 칭찬에 인색하지 않다. 그게 아부가 아니라는 확신이 있으며, 상대방이 크게 위협적이지 않기 때문이다. 칭찬은 상대방에 대한 배려이자 존중의 표시이다. 칭찬은 상대방에게 꽃을 선물하는 것과 같다. 꽃은 받는 사람보다 주는 사람이 더 기쁘다. 받는 기쁨은 잠시지만 주는 즐거움은 오래간다. 그리고 꽃을 선물한 손에는 꽃향기가 배어 있다.

필요하면 아부도 할 줄 알아야 한다. 우리는 칭찬은 좋게 생각하면서 아부에 대해서는 편견을 가지고 있다. 그러나 칭찬과 아부는 같은 뿌리에서 나온 두 개의 가지와 같으며 그 경계가 확실하지 않다. 아부를 부정적으로만 생각할 게 아니라 적극적인 칭찬 정도로 생각하고 필요할 때 아부도 할 수 있으면 금상첨화다. 훌륭한 다이빙선수가 입수할 때 물을 거의 튀기지 않는 것처럼 아부를 잘 하는 사람은 티 나지 않게 한다. 아부가 문제되는 것보다 아부가 필요할 때 하지 못해 문제가 되는 경우가 더 많다.

유쾌한 인간관계 포인트 52
칭찬은 기술이 아니라 내공이 필요한 일이다.

작은 물건을 훔치면 좀도둑이 되고 큰 물건을 훔치면 강도가
된다. 나라와 역사를 훔치면 영웅이 되고, 마음을 훔치면 사랑
을 얻는 법이다. 마음을 훔치는 가장 좋은 방법은 상대방을 칭
찬하는 것이다. 칭찬할 때는 주저하거나 표현을 아낄 필요가
없다. 상대방이 기대하는 것보다 더 많이, 그리고 진실로 칭찬
하라. 칭찬해야 할 상황에 칭찬하지 않거나 기뻐해야 할 순간
에 같이 기뻐하지 않는 것은 그 사람을 욕하는 것과 맞먹을 정
도로 마음에 상처를 준다. 예쁜 여자를 보면 "영화배우 같다"
고 말하고, 나이보다 젊게 보이는 40대 여자에게는 "30대같이
보인다"고 말하라. 좀 더 대범하게 "20대처럼 보인다"고 말해
도 괜찮다.

사람은 그가 어떤 존재인가 보다 내가 그를 어떻게 보느냐에

따라 그 사람의 이미지가 결정된다. 분명 그 사람에게도 좋은 점이 있을 텐데, 그것은 찾아보지도 않고 보고 싶은 것만 보고 미워한다. 그를 보는 각도를 조금만 달리하면 지금까지 보지 못했던 것들을 발견할 수 있을 것이다. 세상에 있지도 않는 봉황을 잡으려고 시간을 헛되이 보내서는 안 된다. 내게 있는 닭을 잘 키우면 그것이 봉황이다.

사람들은 어떤 선택을 하기 전에는 갈등하지만, 일단 선택한 뒤에는 자신의 결정을 지지하는 증거를 모으는 데 관심을 집중한다. 물건이 진열되어 있는 상태에서는 못 느꼈다가도 일단 사서 집에 와서 보면 예뻐 보이는 것도 그런 이유다. 사물에 절대적인 것은 없다. 예쁘다고 생각하고 보면 예쁘다. 예쁘지 않은 그 어떤 것에서도 당신이 아름다움을 찾아낼 수 있다면 당신은 영혼이 아름다운 사람이다.

도스토예프스키는 "여자를 유혹하는 데는 단 하나의 방법이면 족하다"고 말했다. 그것은 바로 칭찬이다. 더욱이 그것이 아름답다는 칭찬이라면 모든 여성들은 그 칭찬 때문에 화약을 지고 불속으로 뛰어든다. 여자든 남자든 자기가 아름답다고 생각하면 실제로 그렇게 된다. 소피아 로렌은 데뷔 당시 그다지 아름다운 얼굴은 아니었다. 그러나 그녀는 매일 거울을 보며 "나는 아름답다"라고 자기 암시를 걸었고, 그 결과 미인이 되었다.

여자에게 때에 맞춰 "당신은 정말 예쁘다"를 연발해주면 그녀의 모습이 몰라보게 변해갈 것이다. 독일 출신의 영국 철학자이자 동양학자인 막스 뮐러는 자신의 저서《독일인의 사랑》에서 "찬사는 배워야 될 예술이다"라고 했다. 찬사를 기술이라고 하지 않고 예술이라고 한 것은 그것이 단순히 테크닉이 아니라 아름다움을 창조하는 예술의 영역으로 보았기 때문일 것이다.

유쾌한 인간관계 포인트 53
마음을 훔치는 최고의 방법은 바로 '칭찬'이다.

연못에 오리 두 마리와 개구리 한 마리가 살고 있었다. 여름이 되어 연못이 마르기 시작하자 이들은 물이 있는 곳을 찾아 떠나기로 했다. 오리는 날아가면 되지만 개구리는 날아갈 수 없었다. 생각 끝에 오리가 막대기 양끝을 물고 개구리는 막대기의 가운데를 물고 가기로 했다. 그 모습을 본 어느 농부가 감탄하며 말했다.

"야, 너희들 참 똑똑하구나! 그런데 그 아이디어는 누가 낸 거냐?"

농부의 칭찬에 기분 좋아진 개구리는 그만 "내가요" 라고 말해 버렸다. 그와 동시에 개구리는 밑으로 떨어지고 말았다.

무언가에 의존적인 사람은 이 개구리처럼 쉽게 균형을 잃는다. 다른 사람의 칭찬과 비난에 자신의 마음이 움직이는 것은 다른 사람에게 자신에 대한 권한을 넘겨주는 것과 같다. 다른 사람의 칭찬에 의존적인 사람은 칭찬받지 못하는 것에 대한 지속적인 두려움 속에서 살아간다. 칭찬받지 못할 때는 자기 존중심을, 칭찬받을 때는 독립성을 잃는다. 칭찬받을 때는 우쭐하고, 비난받을 때는 좌절하거나 분노하는 동요의 상태는 자신의 마음이 타인에게 조종당하는 것과 매한가지다. 감정을 스스로 컨트롤하지 못한다면 내 인생의 운전대를 다른 사람에게 맡기는 것과 같다. 다른 사람으로부터 내가 잘하고 있다는 얘기를 들어야만 내가 잘하고 있는 건 아니다. 중요한 것은 다른 사람의 평가가 아니라 스스로에 대한 생각이며 평가이다.

사람들은 다른 사람들에게 칭찬받는 데는 집착하면서도 자기 스스로는 비하하기도 한다. 타인의 칭찬에만 기대지 말고 스스로를 칭찬해보는 것도 좋은 방법이다. 나 자신에게 하는 말에는 최면효과가 있다. 세상은 내가 나를 어떻게 생각하든 상관하지 않는다. 결국 나는 내가 생각하는 존재가 될 것이며, 내가 정의한 모습대로 살아가게 될 것이다.

유쾌한 인간관계 포인트 54 ·
중요한 것은 다른 사람의 생각이 아니라 내 생각이다.

외모보다
유머가
오래 간다

우리는 일상에서 거의 웃지 않는다. 웃을 일도, 웃겨주는 사람도 거의 없다. 한번 웃어보려고 일요일 밤에 TV를 켜고 개콘을 봐도 웃음이 나오지 않는다. 잘 웃기는 사람이 그리워진다.

웃음은 마음을 열어주는 열쇠다. 상대를 향해 웃으면 내 마음이 열리고, 상대를 웃게 하면 상대의 마음이 열린다. 인간관계는 상대의 마음을 열게 하는 것에서 시작된다. 웃음은 긍정적인 사고를 갖게 할 뿐만 아니라 인간관계를 부드럽게 하며 친근감을 느끼게 한다.

지금 우리에게 필요한 것은 웃음이다. 웃음을 잃으면 건강도 사람도 잃게 된다. 그러나 사람을 울리는 것도 웃기는 것도 쉬운 일이 아니다. 우리 몸에 급소가 있듯이 유머에도 핵심 포인트가 있다. 그 곳을 건드리기만 하면 웃음이 튀어나온다. 지금 그 곳을 찾아보자.

요즘은 코미디언과 개그맨들만 웃기는 세상이 아니다. 각종 프로그램에 출연해 재치있는 말솜씨로 좌중을 휘어잡는 가수와 탤런트들도 많다. 과묵한 연기만 하던 탤런트가 시트콤에 출연해 이미지 변신을 시도하고, 각종 오락 프로그램에서 재미없는 이야기를 하는 연예인 장면은 편집되기도 한다. 연애를 하거나, 직장생활을 하거나, 모임을 이끌어갈 때도 유머감각을 가진 사람들의 존재감이 높은 시대가 되었다. 우리는 지금 유머감각이 필수인 시대에 살고 있다.

모임의 리더나 조직의 상사에게도 유머는 반드시 갖추어야 할 덕목 중 하나다. 일방적인 지시나 권위는 몸을 움직이게 할 수는 있으나 마음까지 움직이게 할 수는 없다. 마음을 열게 하고 자발적인 참여를 유도하는 데 유머만한 게 없다.

과거에는 유머감각이 뛰어난 사람은 조직의 양념 같은 사람이 었지만 지금은 조직의 주류가 되었다.

유머는 마음의 벽을 허물어주고 딱딱한 분위기를 부드럽게 해 주며 웃음을 유발하여 면역체계를 강화시킴으로써 건강한 생활을 할 수 있도록 도와준다. 또한 남을 즐겁게 해줄 뿐만 아니라 자신의 삶의 태도를 바꿔주기도 하는 엄청난 잠재력을 갖고 있다. 유머는 음식에 맛을 더하는 양념이요, 건빵 속에 들어 있는 별사탕과 같다.

유머감각이 풍부한 사람은 주위 사람들을 사로잡아 인기를 한 몸에 받는다. 기분이 가라앉아 있을 때 던지는 유머 한마디는 스트레스를 날려주고 기분을 상쾌하게 해준다. 만날 때마다 따분한 이야기를 하는 사람보다는 적절한 유머를 섞어 웃음을 자아내는 사람과 나누는 대화가 훨씬 즐겁다.

대화를 잘하는 사람은 먼저 유머를 던져 긴장된 분위기를 편안하게 만든 다음 이야기를 풀어 나간다. 삶의 다양한 경험에서 우러나오는 이야기를 품격 있는 유머와 섞어 말한다면 상대방은 당신의 매력에 푹 빠져들 것이다.

유쾌한 인간관계 포인트 55
일과 여가가 모두 즐거워지는 키워드는 유머!

유머는 상대방에게 상처를 주지 않고 상황을 한 방에 반전시키는 카운터펀치다. 상황에 맞는 적절한 유머 한 마디는 백 마디의 말보다 낫다. 영국의 사상가이자 역사가인 토머스 칼라일은 "진실한 유머는 머리에서 나오는 것이 아니라 마음에서 나온다"고 했다.

재미있는 유머 한 토막을 달달 외워 앵무새처럼 읊는다고 해서 순식간에 유머감각 넘치는 사람이 될 수 있는 건 아니다. 유머는 상황에 대한 통찰력과 교양, 재치, 남의 입장을 수용할 줄 아는 따뜻하고 넉넉한 마음, 그리고 삶을 관조하는 여유가 밑바탕에 깔려 있어야 한다.

레이건 전 대통령이 총에 맞았을 때의 일화는 유명하다. 레이건은 그에게 몰려든 보좌관들에게 "총에 맞고도 죽지 않았다는 건 정말 즐겁고 대단한 일이지!' 라는 말을 던지고 이어 부인인 낸시 여사에게 이렇게 말했다.

"여보, 미안해. 총알을 피한다는 것을 깜빡 잊었소."

그는 수술실에 들어가면서 의사들을 바라보며 "당신들 설마 민주당원은 아니겠지?' 라는 조크를 던져 엄청난 긴장감에 짓눌려 있던 그들의 입가에 미소를 가져다주고 긴장감을 풀어주었다.

이런 유머는 인터넷 사이트나 유머책자에 나오는 우스갯소리들과는 차원이 다르다. 그것은 풍부한 독서와 사색의 과정을 거친 교양, 그리고 고정관념을 깨는 재치와 여유에서 나오는 것이다. 자기를 내세우지 않는 겸손의 유머, 그리고 남을 깔보지 않고 존중하는 유머, 그것은 인간에 대한 깊은 사랑에서 나온다. 세상을 조롱하고 타인을 폄하하는 것은 쉽다. 하지만 차갑고 오만한 마음에서 비롯되는 말장난에는 비록 잠깐의 웃음이 있다 하더라도 마음을 움직이는 따뜻함은 존재하지 않는다. 유머감각이 뛰어난 사람은 모든 일을 긍정적으로 받아들인다. 그리고 성공한 사람들의 대부분은 긍정적인 사고방식의 소유자들이다. 성공한 사람들 중에는 유머감각이 뛰어난 사람들이 많다. 그들 사이에 존재하는 상관관계는 바로 긍정적인 사고에 기초를 둔 유머다.

치열한 경쟁사회에서 유능한 인간으로 살아가려면 이제는 전문적인 능력을 키우는 것 못지 않게 유머감각을 키우는 일에도 관심을 기울여야 한다.

상황에 맞는 적절한 유머 한 마디는 백 마디의 말보다 낫다.

유머를 잘하기 위해서는 약간의 끼를 타고나야겠지만 대부분은 후천적으로 만들어질 수 있다. 유머를 가르치기는 어렵지만 배울 수는 있다. 좋은 유머는 단순한 언어감각이나 순발력에만 의존하는 게 아니라 끊임없는 노력과 메모, 그리고 연습을 통해서 다듬어지는 것이다. 운동선수가 평소 연습을 통해 기술을 몸에 익혀야 시합에서 그 기술을 써먹을 수 있듯이, 우리도 상대방에게 지속적으로 관심을 가지고 그가 눈앞에 있다고 생각하고 연습하면 필요한 상황에서 자신도 모르게 유머가 튀어나오게 된다.

'섀도 트레이닝'이라는 것이 있다. 이는 복싱 연습을 할 때 앞에 상대가 있다고 가정하는 것으로, 상상 속에서 서로 치고 피하면서 이미지 트레이닝과 함께 임기응변과 순발력을 기르는 게 목적이다. 섀도 트레이닝은 운동과 유머뿐만 아니라 여러 분야에서 탁월한 효과를 나타낸다. 나폴레옹이 한 말속에서 그가 섀도 트레이닝의 대가였음을 짐작할 수 있다.

"나는 언제나 노동하고 있다. 그리고 늘 생각한다. 내가 항상 어떠한 일에 당면했을 때 당황하지 않고 즉시 처리하는 것은 미리 여러 가지 경우를 생각해두었기 때문이다. 다른 사람이 예상조차 할 수 없는 돌발사태가 일어났을 때 내가 즉시 해결하는 것은 내가 천재이기 때문이 아니라, 평상시 명상과 반성의 결과이다. 식사할 때나 혹은 극장에서 오페라를 구경할 때도 나는 늘 머릿속에서 움직이고 있다."

검도수련에는 '수파리'라는 3단계가 있다.

처음에는, 기본 법칙과 기술을 형태대로 기억하고 충실하게 그것을 지킨다(守).

다음은, 그 형태를 파하고 자기의 특성에 맞는 것으로써 폭과 깊이를 가진다(破).

마지막에는, 형태를 떠나 자유의 경지가 되어 떠난다(離).

즉, 처음에는 사범의 지시를 무조건 따르고, 그 다음에는 스스로 연구해 노력하고, 마지막으로 스승의 경지까지 도달하여 큰 세상으로 가기 위해 하산하는 것이다. 이때 스승은 더 큰 발전을 위해 제자를 떠나보낸다.

'수파리' 기법을 응용해 유머감각을 키워보자. 처음에는 다른 사람의 유머를 듣고 포인트를 기억해두었다가 사람들에게 써먹는다. 그 다음에는 적절한 상황에 응용해보자. 아마 이 단계에서 많은 시행착오를 겪을 것이다. 그러나 두 번째 단계를 극복하면 억지로 의식하지 않아도 자연스럽게 유머가 튀어나오는 경지에 이르게 된다. 이 단계까지 가기 위해서는 눈과 귀를 크게 열고 사회현상을 잘 관찰하고, 신문과 책을 가까이해 정보뿐만 아니라 언어순발력을 키워야 한다. 유치한 유머가 아닌 품격 있는 유머를 구사하려면 자신의 내면세계를 가꿔 나가야 한다.

유머감각을 키우고 싶다면 사물을 관찰하는 폭넓은 시야, 그리고 남들이 미처 생각하지 못한 것을 떠올리는 상상력을 키워야 하며, 고정관념에 사로잡히지 않는 유연한 사고방식을 가져야 한다. 유머감각이 있는 사람들은 열린 사람들이다. 유머가 그들의 사고를 자유롭게 하기 때문이다. 고정관념은 창조적인 삶의 장애물인 동시에 유머의 적이다. 사물을 곧이곧대로만 보는 사람은 결코 멋진 유머를 창조해낼 수 없다.

어느 선방에서 스님들이 용맹정진하며 치열하게 화두를 잡고 있는데 선원장 스님이 마당으로 불러냈다. 마당에 커다란 원을 그려놓더니 스님들에게 말했다.

"여기 이 동그라미 안에 있으면 매를 열대 맞을 것이고, 밖에 있어도 열대를 맞을 것이야. 자네들 어찌하겠는가?"

어느 쪽을 택해도 매는 피할 수 없는 노릇이다. 스님들은 당황한 표정으로 서로의 얼굴을 쳐다보았다. 한참 후 선원장 스님은 원을 발로 쓱쓱 지우며 말했다.

"금이 있고 없음에 따라 달라지면 갇히는 것이다. 그 금을 누가 그었는가? 자네들 스스로 그었다."

고정관념이 우리의 생각을 가두고 있다. 고정관념 속에 있을 때는 우리의 사고가 틀 안에 갇혀 있다는 것을 모른다. 유머의 비결은 고정관념을 깨고 상황을 다른 관점에서 보는 것이다. 즉, 유연한 사고와 발상의 전환이 유머의 핵심이다. 유머는 똑같아 보이는 사물을 다른 관점에서 다르게 보는 데서 나오며, 고정관념의 틀을 부수고 기존의 것을 다른 각도로 보고 생각할 때 자연스럽게 나온다. 다른 사람이 나무만 볼 때 나에게는 숲도 볼 수 있는 여유가 있어야 한다.

잘 웃기기 위해서는 먼저 잘 웃는 사람이 되어야 한다. 상대가 유머를 구사하면 재미가 있건 없건 기꺼이 웃어주자. 첫마디를 듣고서 상대가 무슨 말을 하려는지 감이 오더라도 내색하지 말고 끝까지 들어주어라. 그 사람이 그 유머를 써먹기 위해 얼마나 노력했는지를 떠올리면서…. 물론 유머로 화답하는 것이 좋겠지만 굳이 상대를 제압하려고 애쓸 필요는 없다. 다른 사람의 말이나 행동에 대해 마음을 열고 웃으며 살아가다 보면 당신의 유머감각도 그만큼 좋아지기 마련이다.

유머를 구사하려면 어느 정도 배짱이 필요하다. 마음먹고 던진 유머가 분위기를 띄우기는커녕 오히려 썰렁하게 만들 수도 있다. 그렇다고 그것이 두려워 시도하지 않는다면 평생 유머와는 담을 쌓고 살아야 한다. 코미디언이나 개그맨들도 "한 번을 웃기기 위해서 열 번을 울어야 한다"고 할 만큼 남을 웃기는 일은 어렵다. 그래도 그들은 끊임없이 노력한다. 노력 없이는 어떠한 일도 제대로 이뤄내지 못한다. 유머 있는 사람이 되느냐 되지 못하느냐 하는 것은 결국 당신에게 달려 있다.

유머를 한답시고 야한 이야기만 하는 사람들이 의외로 많다. 그런 이야기는 양념으로 조금 곁들이는 정도면 몰라도 지나치면 천하게 보일 뿐 아니라 차라리 안 하느니만 못하다. 그런 것 외에도 유머의 소재는 얼마든지 많다. 인간적인 유머야말로 값진 유머다.

희극의 참맛은 가능한 한 심각한 표정과 대사를 구사하여 관객들을 뱃속으로 웃게 하는 데 있다. 희극의 천재 찰리 채플린이 바로 그런 사람이다. 관객들은 웃지 않는데 연기를 하는 당사자만 열심히 웃고 있다면 그건 진정한 희극이라 할 수 없다. 가장 잘 웃기는 사람은 자신은 웃지 않는다. 유머를 하면서 자기가 먼저 웃으면 김빠진 맥주처럼 맛이 없고 정답을 아는 퀴즈처럼 기운 빠진다.

노래는 몇 번이고 들어줄 수 있다. 그래서 사람마다 십팔번이 한두 곡씩은 있다. 그러나 유머에는 십팔번이 없다. 유행어는 있어도 똑같은 상황은 오지 않는다. 그래서 개그맨들이 가장 부러워하는 사람들이 가수라고 한다. 아무리 재미있는 유머라도 반복해서 말하면 사람들에게 호소력을 갖지 못한다.

유머를 할 때는 가장 재미있는 부분에서 멈춰야 한다. 웃지 못하는 사람에게 부연설명이 필요하다면 그것은 유머가 아니다. 유머는 그 상황에서 모두가 연상할 수 있는 것을 상기시켜 듣는 사람이 직접 한꺼풀 벗겼을 때 나타나는 순간적인 사이다 같은 느낌이다. 유머는 환자에게 주사를 주고 소독솜 하나 붙여주고는 재빨리 사라지는 간호사와 같아야 한다. 듣는 사람이 집에 갈 때까지 웃지 못하는 그런 유머는 잘못된 처방전과 같은 것이다.

부풀어 오른 풍선에 바늘을 살짝 갖다 대면 '뻥' 하고 터지듯이 유머에는 기습하는 듯한 신선함과 언제 터질지 모르는 삼페인과 같은 짜릿함이 있어야 한다. 훌륭한 선수는 자신이 찬스를 만들 줄도 알지만 다른 사람이 만들어준 찬스를 좀처럼 놓치지 않는다. 유머를 잘하는 사람은 터뜨릴 풍선을 직접 만들기도 하지만 상황이 부풀려준 풍선을 찾아내 때맞춰 터뜨릴 줄도 안다. 유머감각이 있는 사람에게는 풍선이 눈에 잘 띄며, 그는 그 풍선을 터뜨려야 할 타이밍을 잘 알고 있다.

농담으로 한 말이 진담이 되어 나중에 싸움으로 번지는 경우도 있다. 이는 작은 그릇에 너무 많은 물을 부으면 넘치는 이치와 같다. 유머를 시작하기 전에 그 농담을 받아들이는 상대방이 이를 견딜 수 있는지 먼저 살펴봐야 한다. 아무리 오래 사귀어 흉허물이 없는 사이라 하더라도 삼가야 할 말이 있고 건드려서는 안 될 약점이 있다. 선의의 유머가 상대방의 그릇의 크기를 벗어나 넘쳐버려 문제가 되었을 때 그 책임은 유머를 한 사람에게 있다. 이를 사전에 방지하기 위해서는 공격적이지 않은 유머를 사용하며, 상대방을 격하시켜 웃음거리로 만들기보다는 자신의 약점을 재치 있게 꼬집는 유머를 하는 게 좋다. 그래서 유머리스트가 되기 위해서는 자기희생이 필요하며 그런 것쯤 희생해도 손상되지 않을 만큼의 인격과 자기수양이 되어 있어야 한다.

나무가 항상 무성하지만은 않다. 여름에는 무성하다가 겨울에는 앙상한 나뭇가지만 남는다. 나무가 겨울에 얼어 죽지 않고 살아남는 것은 자신의 수액을 뿌리로 내려보내기 때문이다. 이렇듯이 비울 때와 채울 때를 아는 것이 자연의 지혜다.

항상 맑은 날씨보다는 비 온 뒤의 햇살이 더욱 눈부시듯이 유머도 가끔 하는 것이 좋다. 맛을 내는 조미료도 너무 많이 쓰면

들큼한 맛이 나듯이 모든 일에 농담을 섞으면 가벼운 사람으로 비치기 십상이다. 항상 농담을 하는 자는 결코 진지한 일을 할 수 없거니와 그에게는 큰일을 맡길 수도 없다.

쉴 새 없는 익살처럼 가벼워 보이는 것도 없다. 말을 해서 좋으리라는 보장이 없다면 침묵을 지키는 게 오히려 나은 것처럼, 유머도 때와 장소를 가려 필요한 때에 필요한 곳에서 해야 한다. 잠깐 익살을 부리더라도 평상시에는 진지한 자세를 보여라. 어둠 속에서 불빛이 느껴지듯이 그 진지함 속에서 피어나는 유머가 더 빛이 나기 마련이다.

유쾌한 인간관계 포인트 58
아무리 좋은 유머도 때와 장소를 가려서 해야 한다.

수천 명의 도둑의 우두머리인 도척에게 한 부하가 물었다.

"도둑질에도 도(道)가 있습니까?"

도척이 대답했다.

"어디서나 도가 없는 곳이 있겠느냐? 방 안에 무엇이 있는지 잘 알아맞히는 것이 성(聖)이고, 들어설 때 선두에 서는 게 용(勇)이다. 나올 때 맨 뒤에 서는 것이 의(義)이고, 될지 안 될지를 먼저 아는 게 지(知), 분배를 공평하게 하는 것이 인(仁)이다. 이 다섯 가지가 갖추어지지 않은 채 큰 도둑이 된 자란 이 세상에 아직 없었다."

장자의 〈거협〉편에 나오는 이야기다.

도둑질에도 도가 있듯이 유머에도 도가 있다. 남을 울리는 것도 그렇지만 남을 웃기는 일도 어렵다. 사람들은 웃을 만한 이유가 있어야 웃지 그냥 웃지 않는다. 도둑이 도를 모르면 좀도둑에 그치듯이 유머의 도를 모르면 썰렁한 아재개그 정도에 그치고 만다. 그러면 유머의 도란 무엇인가.

첫 번째로 중요한 것은 내공이다. 내공은 무도에만 있는 게 아니다. 유머는 자신을 망가뜨림으로써 다른 사람이 우월감을 느끼게 하여 순간적으로 웃게 만드는 기술이다. 내공이 없는 사람은 자신을 망가뜨릴 용기가 없다. 하지만 내공이 있는 사람은 자신이 좀 망가져도 될 만큼의 자존감이 있기 때문에 자신을 소재로 하여 유머를 할 수 있다. 유머는 내공이며 내공은 곧 인격이다.

두 번째는 순간포착력이다. 그 분위기에 맞는 유머를 적절한 순간에 터뜨려야 효과가 있다. 자신이 분위기를 만들기보다 자연스럽게 만들어진 분위기에 올라타면 된다. 언제 어떻게 올라탈지 순간포착을 잘해야 한다. 일단 타이밍을 놓쳤다면 무리하게 시도하지 말고 다음 기회를 기다리는 게 더 낫다.

세 번째는 반전이다. 씨름에서 가장 화려한 기술은 뒤집기다. 밑에 깔려서 곧 질 것 같던 선수가 상대선수를 뒤집어 쓰러뜨릴 때 관중들은 환호한다. 영화나 드라마가 재미있으려면 반전이 많아야 하듯이 유머에도 반드시 반전이 필요하다. 상대가 전혀 생각하지 못하는 방향으로 허를 찌를 때 상대는 포복절도한다. 중요한 것은 상대가 예측하지 못하도록 감추고 있다가 결정적인 순간에 허를 찌르는 것이다.

네 번째는 공감이다. 내가 유머를 한다고 해서 상대가 항상 웃어주는 건 아니다. 바둑에서 절대적인 묘수가 없듯이 유머에도 절대적인 비법은 없다. 다른 곳에서 통했던 유머가 이 곳에서는 통하지 않을 수도 있다. 상대방의 수준에 맞는 유머를 해야 공감을 할 수 있고 공감을 해야 웃을 수 있다. 낚시를 하는 사람이 때와 장소에 따라 사용하는 미끼가 다르듯이 유머를 할 때도 상대방의 눈높이에 맞는 유머를 해야 웃을 수 있다.

유쾌한 인간관계 포인트 59
유머에는 내공, 순간포착력, 반전, 그리고 공감이라는 4가지 도가 있다.

작은 것을 버리고
큰 것을 얻어라

관계는 주고받는 속에서 이루어진다. 나에게 있는 걸 주
고 나에게 필요한 걸 얻는 것이 자연의 법칙이자 살아가
는 지혜이다. 꽃과 벌의 관계를 보라. 꽃은 벌에게 꿀을 주
고 수정을 한다. 주지 않고 받을 수는 없다. 작은 것을 주
면 작은 것을 얻고, 큰 것을 주면 큰 것을 얻는다.

얻는 것도 중요하지만 버릴 줄 아는 것도 중요하다. 산다
는 것은 각자의 짐을 지고 먼 길을 떠나는 여행과 같다.
너무 무거운 짐을 지면 멀리 못 간다. 멀리 가려면 버릴
것은 내려놓아야 하는데 그렇게 하지 못하는 이유는 욕심
때문이다. 욕심의 크기가 행복의 크기라면 누구나 욕심을
가지고 살겠지만 사실은 정반대다. 행복한 사람은 자신의
욕심을 채우는 사람이 아니라 자신의 것을 잃지 않으면서
상대의 욕심을 채워주는 사람이다. 자세히 보면 불행한
사람들은 이것을 거꾸로 하고 있다.

경건한 수도자가 있었다. 사탄들은 회의를 열어 수도자를 타락
시키기로 했다. 첫 번째 방법으로 사탄이 수도자에게 커다란
금덩이를 보여주었다. 그러나 수도자는 눈도 깜짝하지 않았다.
두 번째 방법으로 아름다운 여인을 보냈으나 수도자는 마치 돌
을 보듯 했다. 결국 인간에 대해 가장 잘 아는 사탄의 우두머리
가 나섰는데, 그는 수도자의 귀에 대고 이렇게 속삭였다.
"당신의 경쟁자가 방금 종단의 총재로 피선되었다고 합니다."
수도자는 이 말을 듣고 버럭 화를 내며 자리에서 일어났다.

질투심의 놀라운 점은 모르는 사람이 땅을 사면 그렇지 않은데,
사촌이 땅을 사면 배가 아프다는 것이다. 우리는 프로축구나 야
구선수의 엄청난 연봉을 시기하지 않는다. 하지만 고등학교 동

기생이 억대의 연봉을 받는다는 소식을 들으면 심각한 소화장애에 시달린다. 질투심은 사회적으로 지탄받는 감정이라는 걸 알기 때문에 질투를 느낀다는 것을 인정하지도 못한다. 그래서 배가 아픈 것이다. 속이 좁아서 그런 게 아니다. 질투는 내가 그렇게 될 수 있다고 생각하는 사람에게서나 느낄 수 있지, 나의 경쟁상대가 될 수 없는 사람에게는 잘 느끼지 않는다.

성공하지 못하는 사람은 다른 사람의 성공도 원치 않는다. 다른 사람도 자기처럼 평범하게 살기를 바란다. 못난 사람은 다른 사람도 함께 못나기를 바라며, 평범한 사람은 그 친구들까지 평범함의 굴레에 묶어두고 싶어 한다. 이런 감정들은 불안의 표현이다.

나를 주제로 한 말과 행동은 항상 조심해야 한다. 나의 행동을 사람들이 자연스럽게 알게 해야지 지나치게 떠벌리는 것은 좋지 않다. 나에게 좋은 일들은 상대방에게 질투를 불러일으킨다. 대부분의 사람들은 사촌의 성공에 너그럽지 못하며 친구나 지인의 자랑을 진심으로 축하하며 들어줄 만큼 마음이 넓지 못하다. 그들은 질투 때문에 당신이 예측하지 못하는 방법으로 당신을 괴롭힐지도 모른다. 질투가 무서운 이유는 아무도 자신의 질투심을 고백하지 않기 때문이다. 이런 인간의 본성을 이해한다면 자신을 낮춤으로써 인간관계에서 부딪칠 수 있는 많은 부분을 피해갈 수 있을 것이다.

자존감이 낮은 사람은 상대방을 끌어내림으로써 자신의 부족함을 덮으려고 하지만, 자존감이 높은 사람은 자신도 할 수 있다고 긍정적으로 생각한다. 이런 사람은 친구의 성공을 진심으로 축하해준다. 질투라고 해서 다 나쁜 것은 아니다. 질투란 성욕처럼 생의 기본적인 감정이며, 잘못 쓰면 악이 되기도 하지만 잘 사용하면 약이 될 수도 있다. 지금까지 당신이 가진 것의 반 이상은 당신의 질투심이 아니었으면 불가능했던 것들이다. 그 질투의 감정을 부정적이며 소모적인 곳에 쓸 게 아니라, 스스로 동기부여를 할 수 있는 발전적인 방향으로 써보라.

당신이 질투라는 감정을 다루기 위해서는 어떤 면에서는 당신보다 더 나은 사람이 있으며, 당신이 그에게 질투를 느낄 수 있다는 사실을 인정해야 한다. 그리고 그 감정을 발판으로 언젠가 그를 넘어설 수 있도록 노력해야 한다. 다른 사람과 당신을 비교하기보다는 과거의 당신과 현재의 당신을 비교하는 게 더 중요하다.

마음 깊은 곳에서 행복과 삶의 보람을 느끼는 사람은 상대방이 어떠한 사람인가에 따라 마음이 좌우되지 않는다. 남에게 열등감이나 우월감을 갖는다는 건 자신에 대한 자부심이 없다는 뜻이기도 하다. 자기 스스로에게 자부심을 가지고 있는 사람은 자기가 뛰어난 인물이라는 것을 사람들에게 내보이지 않는다. 정말로 행복한 사람은 행복을 말하지 않고, 정말 싸움을 잘하는 사람은 주먹을 자랑하지 않는다. 자기 자랑을 많이 하는 사람치고 정말 자랑할 만한 가치가 있거나 내면이 꽉 차 있는 사람은 별로 없다. 원래 조화가 더 예쁘게 보이고 실속 없는 것일수록 포장이 더 요란한 법이다. 고자가 여자를 더 밝히고, 특전사 출신보다 방위 출신이 목소리가 더 크며 죽을 고비도 더 많이 넘긴 것처럼 이야기한다.

필요 이상으로 재산을 자랑하거나 지위를 과시하는 인간은 마음속에 불안감이 가득하다. 잘난 체하며 자신이 마치 대단한 인물이나 되는 것처럼 행동하는 사람은 그렇게 해야 할 필요성, 즉 자기 자신이 보잘것없는 하찮은 인간이라는 사실을 절실히 느끼고 있기 때문에 그러는 것이다.

사람들은 겸손한 사람에게 오만하지 않고 오만한 사람에게 겸손하지 않다. 또한 오만한 마음에는 더 이상 채울 수 없으나, 겸손한 마음은 늘 자신을 빈 그릇으로 만들기 때문에 무엇이든지 채울 수 있다.

나에게 좋은 일들은 상대방에게 질투를 불러일으킨다.

태풍이 불어도 갈대는 뿌리째 뽑히지 않는다. 갈대는 유연하게
자신을 낮추기 때문이다. 오히려 태풍에 이기지 못하고 쓰러지
는 것은 꼿꼿하게 서 있는 소나무다. 몸을 낮추는 이유는 결코
당신이 낮아서가 아니라, 주변의 경계심을 누그러뜨리고 다른
사람에게 항상 도움을 청할 수 있기 때문이다. 몸을 낮추면 상
대방이 경계하지 않는다. 겉보기에 지나치게 똑똑해 보이면 아
무래도 시샘의.대상이 되기 쉽고 다른 사람들이 경계하기 마련
이다. 그렇게 되면 성공은 보장받기 어렵다.

사람들은 모두 나름대로 열등감을 가지고 있다. 그 열등감은
조그만 충격에도 깨지기 쉬운 유리와 같다. 자기 자랑을 하는
건 상대가 애써 덮고 있는 열등감을 들추어내는 것과 같다. 사
람은 누구나 자신보다 더 똑똑하게 보이는 사람을 대하면 왠지

마음이 편치 않고 에너지 소모가 많다. 그래서 사람들은 잘난 척하는 사람들과 가까이하는 것을 꺼리며, 함께 있을 때 자신이 우월감을 느낄 수 있는 사람과 같이 있고 싶어 한다. 나보다 열등한 사람과 이야기할 때는 나를 그와 동일한 수준으로 끌어내려야 한다. 물론 상대방이 이 사실을 모르게 하는 것이 좋으나, 설사 나중에 안다고 하더라도 당신의 깊은 배려에 더욱 친근감을 느끼게 될 것이다.

비록 재능이 있다 할지라도 내세우기를 좋아하면 오히려 화를 입는다. 두루미는 날 때 많은 소리를 내 독수리의 가장 좋은 먹잇감이 된다. 당신 자신을 추켜세우는 것은 당신의 실패를 보고 싶어 하는 사람들의 목표물이 되기를 자청하는 것과 같다. 너무 높이 올라가면 쏘아 떨어뜨리고 싶어 하는 사람만 늘어날 뿐이다. 그래서 나이가 많고 경험이 풍부한 두루미는 그들의 소란스러운 약점을 드러내지 않으며, 여행할 때 위험을 피하기 위해 항상 돌을 부리 속에 집어넣는다.

자신의 성공을 친구에게 알리지 마라. 가장 견디기 힘든 것은 가까운 친구의 성공을 보는 것이다. 자신의 업적이나 행복을 친구에게 말하지 마라. 친구는 지금 가장 어려운 시기를 겪고 있을지도 모른다. 당신이 행복해지고 싶다면 당신의 성공을 다른 사람에게 과시하여 질투를 불러일으킬 게 아니라 다른 사람들의 목표물이 되지 않도록 저공비행을 해야 한다.

다리가 불편한 사람 앞을 지날 때 활기차게 걷지 마라. 당신이 의식하지 못하는 사이에 그 사람이 상처받을 수도 있다. 공작새는 뱁새 앞에서 날개를 펴지 않는다. 당신보다 불행한 사람에게 행복을 함부로 말하지 마라. 자랑 중에서 특히 하지 말아야 할 것은 마누라와 자식 자랑이며, 그 다음에는 돈 자랑이다. 왜냐하면 사람들은 이 세 가지는 마음대로 되지 않는다는 것을 알고 있으며, 여기에 열등감을 가지고 있기 때문이다. 당신이 자랑할 만한 일이 있어서 진실을 말한다고 해도 그것이 선은 아니다. 일부러 다른 사람의 열등감을 건드려 질투심을 야기할 필요는 없다.

아주 깊은 물은 속이 들여다보이지 않으며, 참으로 위대한 사람은 지극히 평범해 보이며 스스로를 낮춘다. 현명한 사람은 결코 자신의 장점을 알리지 않는다. 그가 그것을 나타내지 않을 때 다른 사람들은 그를 존중한다. 또한 그들은 모든 비범성을 자기 속에 감춰놓고 평범하게 살아가는 사람에게 곱절로 찬사를 보낸다. 작은 일에 총명하지 않아도, 큰 일에 흐리멍텅하지 않은 사람이 정말 똑똑한 사람이다.

유능한 인재란 마치 송곳과 같아 비록 포대 속에 있어도 끝이 이내 드러나기 마련이다. 당신이 정말 유능한 인재라면 스스로 내세우지 않아도 다른 사람이 먼저 알아줄 것이다. 꼭 자신을 알리고 싶을 때에는 고도의 기술을 활용해보라. 자기 자랑은 가능한 한 간결하고 명확하게 말해야 한다. 그리고 약점을 먼저 말하고 장점을 말하는 게 좋다. 사람들은 약점을 말하면 마음이 열리는데, 그 기회를 순간적으로 이용하는 것이 기술이다.

몸을 낮추면 상대방이 경계하지 않는다.

포장을 잘한 물건이 비싸게 보이는 것처럼 나를 드러낼 때는 값어치가 있어 보이도록 포장하는 게 좋다. 자신이 하는 일을 돋보이게 만드는 것은 재능 있는 사람들이 반드시 갖추어야 할 덕목 중 하나다. 그러나 타인들의 열등감을 자극하여 질투심을 유발시키지 않는 것이 더 중요하다. 내가 타인의 우월함을 보고 열등감을 느끼듯이 타인도 나에게 질투심을 느낄 수 있다. 나에게 타인이 질투를 느낄 만한 조건이나 재능이 있다고 하더라도 그것을 드러내지 않는 게 상대에 대한 배려이다. 자존심은 잘 다루면 명마가 되지만 잘 못 다루면 어디로 뛸지 모르는 야생마와 같다. 영원히 깨지지 않을 것 같은 연인 사이도 자존심에 상처를 받으면 한순간에 깨지기도 한다. 자존심이 무서운 건 사소한 것에서 상처를 받기 때문이다. 그래서 많은 사람들이 상대가 자존심에 상처를 받았는지도 모르고 있다가 엉뚱한 데서 당하기도 한다.

대학 시절의 이야기다. 어느 날 데이트 중에 상대에게 작정을 하고 내가 알고 있는 잘 나가는 여자들의 이야기를 하며 그녀 들과의 친분을 과시했다. 그렇게 하면 그녀가 나를 더 좋아할 거라고 생각했기 때문이다. 그러나 결과는 정반대였다. 그후 그녀는 이유도 없이 약속시간에 두 번이나 나오지 않았고 그전 보다 더욱 쌀쌀맞게 굴었다. 심지어 전화를 해도 받지 않았다. 보름 정도 지난 후 힘들게 그녀를 만났다. 그녀의 얼굴이 눈에 띄게 수척해져 있었다. 나는 그녀가 두 번이나 약속을 지키지 않은 것에 대해 꼭 짚고 넘어가려고 했다. 그러나 뜻밖의 이야 기를 들었다.
"사랑하는 사람한테서 나 이외의 다른 여자들 이야기를 듣는 게 얼마나 괴로운 것인지 아세요?"
그 말을 듣는 순간 "당신은 나 밖에 모르는 줄 알았는데 아는 여자들이 많네요"라고 말하던 그날의 굳은 표정이 떠올랐다. 당시에는 그 말의 의미를 잘 몰랐지만 그 말에는 분명히 가시 가 있었다. 좀 더 잘 보이기 위해 부풀려 한 말이 오히려 그녀 에게 큰 상처를 주어 예기치 못한 보복을 당한 것이었다.

'연인 사이에 그런 이야기도 못하나'라고 생각하는 사람이 있을 것이다. 그러나 질투는 대부분 가까운 사이에서 일어난다. 그리고 사랑할수록 질투의 불길이 더 세다. 질투심은 자연스러운 감정이다. 연인 사이에 질투심이 없다면 연인이 아니다. 문제는 상대가 질투심을 쉽게 표현하지 않는다는 데 있다. 연인이나 부부는 상대의 질투심에 불을 붙이지 않아야 한다. 심지어 자기 자랑도 질투심을 불러일으킬 수 있다. 연인에게 자신이 왜소하게 비치는 건 참기 어렵기 때문이다.

약간 빈틈이 있는 사람에게 더 마음이 가는 법이다. 나로 인해 상대가 더 행복하다는 생각이 들 때 사랑은 더욱 깊어진다. 내가 아니라도 상대가 행복할 수 있을 거라는 생각이 들 때 사랑은 식기 시작한다.

겸손은 모든 인간관계에서 필요한 덕목이다. 겸손도 엄밀히 말하면 좀 더 사랑받고자 하는 욕망의 다른 표현이다. 겸손은 상대방을 우월한 입장에 서게 하여 더욱 관대하게 만든다. 지나친 겸손으로 인해 오만하게 보이지만 않는다면 겸손은 상대를 더 부드러운 사람으로 만들어 상대의 사랑을 더 받기 위한 고차원적인 전략이다. 혹여 겸손으로 인하여 상대가 오만해지더라도 자존심에 상처를 받아 신음하는 것보다 더 낫다.

사람들은 나름대로의 방식으로 자신을 표현한다. 고급 외제 승

용차를 타고 다니는 사람은 그것으로 자신의 가치를 표현한다. 반면 낡은 트럭을 타고 다니는 월마트의 창업자인 샘 월튼 같은 사람도 있다. 그가 낡은 차를 타고 다닌다고 해서 자신을 표현하지 않는 것은 아니다. 다만 자신을 표현하는 방식이 다를 뿐이다. 그는 사람들이 자기가 싼 차를 타고 다니는 것을 알아주기를 바란다. 자신이 마음만 먹으면 비싼 차를 살 수 있지만 자신은 검소하다는 것을 남이 알아주기를 바라는 것이다.

겸손한 사람은 겸손이 자기를 높이는 장기적이며 고차원적인 전략이라는 것을 알고 있다. 겸손하다는 것은 자신의 능력을 스스로 비하하는 소극적인 태도가 아니라 자신을 내세우지 않음으로써 상대방의 질투심을 자극하지 않아 심리적인 방어벽을 낮추고 상대방과의 거리를 좁히는 적극적이며 창조적인 행동을 의미한다. 겸손은 나약한 자의 무기력한 전략이 아니라, 강한 자만이 보여줄 수 있는 아름다움이다. 하지만 자칫 지나친 겸손은 오만으로 비칠 수 있으므로 주의가 필요하다.

프랑스의 철학자 라 로슈푸코는 이렇게 말했다.

"적을 만들고 싶으면 친구들보다 뛰어나면 된다. 그러나 친구를 얻고자 한다면 친구들이 더 뛰어나게 만들어라."

사람들은 자신보다 다소 모자라기는 하지만 계속 노력하는 이들을 돕고 싶어 한다. 자기가 더 잘났다고 느껴야만 비로소 남을 도울 마음이 생기는 법이다. 원래 우월한 입장에 있는 사람이 관대해지는 것이 인간의 본성이다. 따라서 당신이 겸손하면 할수록 상대방은 우월한 입장이 되어 더욱 관대해진다.

당신이 똑똑하기는 한데 순진하다고 생각한다면, 사람들은 당신을 도울 만한 가치가 있는 사람이라고 여긴다. 위협적이지도 않으면서 충고와 조력을 구하는 사람을 돕는 일에서 스스로 보람을 느끼기 때문이다. 그래서 자신을 낮춰 상대방을 돋보이게 해주면 더 좋은 결과가 찾아올 것이다.

유쾌한 인간관계 포인트 62

약간 빈틈이 있는 사람에게 더 마음이 가는 법이다.

우리는 각자 저마다의 방식으로
이기적이다

이 세상에서 받기만 하고 주지 못하는 사람에게 계속 줄 수 있
는 만큼 마음이 너그러운 사람은 거의 없다. '주고받음'의 관
계를 만족시키지 못하는 생명체는 살아남지 못한다. 이것은 모
든 생명체에 해당하는 진리다. 하물며 꽃과 나비의 관계를 보
더라도 꽃은 나비에게 꿀을 주고 나비는 자신이 앉았던 자리에
열매를 맺게 한다.

콩나물시루에 준 물은 바로 흘러내리지만 밤새 콩나물은 쑥쑥
자란다. 평생 가고 싶으면 늘 주고받는 관계가 되어야 한다.

우리는 각자 저마다의 방식으로 이기적이다. 사진이 잘 나왔다
고 하는 기준은 내가 그 사진에 얼마나 잘 나왔느냐에 따라 달
라지며, 장모가 사위를 사랑하는 것은 사위가 사랑스러워서 라

기 보다 사위가 딸을 행복하게 해주기 때문이다. 진실로 아내를 사랑하는 까닭에 아내가 사랑스러운 게 아니라 아내가 나를 사랑하기 때문에 아내가 사랑스러운 것이다. 이를 두고 너무 이기적이라고 비난하지 마라. 정말 이기적인 사람은 자신이 이기적이라는 사실을 인정하지 않는 사람이다.

"가장 이타적인 것이 가장 이기적이다"라는 말이 있다. 요리후지 가츠히로도 그의 저서인《현명한 이기주의》에서 "인간 사회에서 완전한 이타주의는 금방 자멸하며, 완전한 이기주의는 주위로부터 배척당하고, 적당한 이타주의는 환영은 받겠지만 남의 봉이 되기 쉽고, 적당한 이기주의만 성공한다. 적당한 이기주의도 다른 사람이 그것을 쉽게 눈치 채지 못하도록 하여야 하는데, 이것을 현명한 이기주의라고 한다"라고 말했다. 그는 인간의 내면에 갖추어진 본성에 대하여 예리하게 파헤쳤다. 현명하게 이기적이기 위해서는 적당히 이타적이지 않으면 안 된다. 이는 자신의 이기주의를 숨기기 위한 현명함에서 나온 지혜다. 실제로 성공한 사람들은 대부분 단순하고 노골적인 이기주의자가 아니다. 날카로운 면도날은 종이는 벨 수 있어도 고목을 벨 수는 없다. 고목을 쓰러뜨리는 것은 적당히 무딘 도끼날이다. 눈앞의 이익에만 매달리는 욕심쟁이는 기껏 잘 돼야 작은 부자 정도에 그치고 만다. 얕은 곳만 찾는 여우보다 몸이 좀 젖더라도 물에 뛰어드는 곰이 강을 건넌다. 작은 것엔 손해 보는 마음으로 살자. 그러면 보다 큰 여유가 생긴다. 차 한 잔 값 정도는 언제나 내가 낸다는 걸 원칙으로 삼으면 계산할 때 눈치 볼 일도 없고 마음도 홀가분하다.

남에게 베푼다는 것은 무엇인가를 기대하고 있다는 의미도 된다. 누구나 세상에 공짜는 없다는 생각을 갖고 산다. 친구에게도 한 번 얻어먹으면 한 번은 내가 내야 한다는 마음의 빚을 지게 된다. 그래서 베푸는 행위 자체를 이기적인 소산이라고도 한다.

남에게 빚지면 마음이 불편하여 우리는 가능한 한 빨리 그런 상태에서 벗어나고자 한다. 영업에서 이런 인간의 심리를 역이용하기도 한다. 물건을 팔 때 상대방의 요구와 관계없이 아주 비싼 물건부터 권함으로써 의도적으로 거절을 당한다. 그 후 좀 싼 물건을 보여주면 대부분 산다. 이것은 첫 번째 거절에 대한 미안한 마음을 해소하려는 심리가 있기 때문이다. 신세를 지면 보통 사람들은 심리적 압박감에서 벗어나기 위해서 어떻게 해서든 갚으려고 한다. 그래서 영업사원은 선물공세를 하고 사람들은 그 속을 알면서도 물건을 구입한다. 양보도 마찬가지다. 내가 양보하면 상대방도 양보할 거라는 기대감이 있다. 그리고 상대방이 양보하면 나도 양보해야 한다는 의무감을 가지게 된다.

춘추전국시대에 활약한 오기 장군은 종기로 고생하는 병사를 보고는 그 고름을 자신의 입으로 빨아냈다. 또 한나라의 장군 이광은 행군 도중에 물을 발견해도 자신이 먼저 마시지 않고 병사들이 다 마실 때까지 꼼짝 않고 지켜보고 있었다고 한다. 이와 같은 윗사람의 배려와 희생의 이면에는 병사들이 목숨을 내걸고 싸우게 하려는 의도가 숨어 있다. 결국은 받기 위해 주거나 받을 수 있다는 믿음이 있기에 주는 것이다. 물론 자기에게 별 이익이 없으면서도 남을 돕고 자원봉사를 하는 사람도 있다. 그러나 그 뿌리를 파헤쳐보면 그들 각자는 '한 차원 승화된 이기주의'에 근거를 두고 움직이고 있다. 인간은 결국 자기 자신을 위해 산다. 누군가의 사랑을 받고 싶다면 먼저 사랑을 주어야 한다. 주면 줄수록 더 많이 받을 수 있다. 사랑을 주지 않는 것이야말로 사랑을 잃게 되는 유일한 길이다.

유쾌한 인간관계 포인트 63
받고 싶으면 먼저 주어야 한다.

내 피부를 주고 상대의 뼈를 끊어라

검도에서 자주 쓰이는 말 중에 "내 피부를 주고 상대의 뼈를 끊어라, 내 뼈를 주고 상대의 맥을 끊어라" 라는 격언이 있다. 내가 바라는 큰 것을 얻기 위해서는 내가 가지고 있는 그 무엇을 주라는 의미이다. 더불어 내게 중요한 것을 줄수록 더 큰 것을 얻는다는 뜻이다.

얻으려면 먼저 주어야 한다. 주지 않고 얻기를 바라는 것은 헛된 욕망이다. 자연의 법칙은 정확하다. 뿌린 대로 거두게 해준다. 오늘 내가 무엇을 수확하든 간에 그것은 과거에 뿌렸던 씨앗의 결실이다. 내가 상대방에게 행한 것은 언젠가 나에게 되돌아오기 마련이다. 이것이 인과응보와 자업자득의 법칙이다. 우주의 모든 에너지의 총합은 영원히 변하지 않는다. 에너지는 단지 변형될 뿐이다. 우리가 남에게 준 것도 소유의 형태만 바뀔 뿐이다. 물이 증발하여 구름이 되었다가 다시 비가 되어 돌아오듯이 우리가 준 것도 다른 형태로 우리에게 돌아온다. 남을 행복하게 하면 나도 행복해진다. 누군가가 당신에게 장미꽃을 가져다주기를 기다리지 말고 당신이 들꽃을 꺾어주어라. 꽃을 건네준 손에는 꽃향기가 배어 있다. 우리가 주지 않는 것은 가진 게 없어서가 아니라 따뜻한 가슴을 잃어가고 있기 때문이다. 다른 사람의 도움을 받고 싶으면 먼저 다른 사람에게 도움을 주는 사람이 되어야 한다. 당신이 향수를 뿌리면 다른 사람들이 그 향을 맡을 수 있듯이 당신이 먼저 미소 지으면 반드시 상대방도 미소로 답할 것이다.

우리의 행동은 아무리 사소한 것이라도 다른 누군가의 삶에 영향을 끼칠 수 있다. "베이징에 있는 나비의 날갯짓이 태평양을 건너 뉴욕에서 발생한 폭풍의 원인이 될 수 있다"는 나비효과 이론처럼 작은 도움이 한 사람의 생애를 바꿀 수도 있고, 무심코 던진 사소한 말 한마디나 차가운 눈빛이 상대를 평생 서운하게 할 수도 있다.

남에게 무언가를 줄 때는 관대한 마음으로 주어야 한다. 비록 그 사람이 답례하지 않더라도 그 사람을 원망하지 마라. 주고 잊어버려라. 그렇지 않으면 당신은 그것을 투자처럼 생각해 대가를 기다리다 지쳐버릴 것이다. 뭔가를 줄 때 대가를 바라거나 그걸 어떻게 쓸지 간섭하기 시작하면 그건 더 이상 선물이 아니다. 그리고 줄 때도 잘 주어야 한다. 그것이 안 되면 주고도 좋은 소릴 못 듣는다. 오죽했으면 '주고도 뺨 맞는다'는 말이 있겠는가!

잘 주는 방법의 첫 번째는 상대가 갈망하는 것을 주는 것이다. 꽃은 꿀벌을 끌어들이는 방법을 정확하게 꿰뚫고 있다. 꽃은 벌이 꿀을 갈망하고 있다는 사실을 알고 있기 때문에 꿀로 벌의 갈망을 충족시킨다. 그 다음은 상대방의 자존심을 꺾지 않는 것인데, 그러기 위해서는 주면서 티를 내지 말아야 한다.

진정으로 베푸는 사람은 마음을 비운 사람이다. 만약 주고도 되돌아오는 것이 없어 서운한 마음이 커지거든 프란체스코의 기도문을 읽으며 마음을 다스려보라.

"오! 주여, 위로하는 것만큼 받으려 하지 않게 하시고,
이해하는 것만큼 이해받으려 하지 않게 하시고,
사랑하는 것만큼 사랑받으려 하지 않게 하옵소서."

- 성 프란체스코(이탈리아 프란체스코 수도회 창시자)의 기도문

유쾌한 인간관계 포인트 64
내게 중요한 것을 줄수록 더 큰 것을 얻는다.

아무리 가진 것이 없어도 남에게 베풀 수 있는 일곱 가지는 있다. 바로 '무재칠시(無財七施)'다. 우리가 타인에게 나눠줄 수 있는 가장 신비로운 선물은 마음이지 결코 지갑이 아니다. 가장 아름다운 선물은 정성이며 마음이다. 미소, 격려, 칭찬, 유머, 관대함 등 돈을 들이지 않고도 다른 사람에게 줄 수 있는 것은 얼마든지 많다. 당신의 작은 손짓이 상대방에게 큰 도움을 주고 부메랑처럼 되돌아온다.

사람은 많이 얻는 만큼 행복한 것이 아니라 베풀 수 있는 만큼 행복하다. 베풂은 씨앗과도 같은 것이라 주위에 뿌리면 수많은 결실과 함께 되돌아온다. 사랑 없이 무엇을 줄 수는 있으나 아무것도 주지 않고 사랑할 수는 없다. 주기 전에는 사랑이 아니다. 작은 것을 주지 못하면 큰 것도 못 준다. 평소에 주지 못하면 주어야 할 때도 못 준다. 그러나 사람들은 받으려고만 한다. 사랑은 받는 게 아니라 주는 것이다. 내가 먼저 존경하고 베풀어야 한다. 내가 위해주는 만큼 상대방도 나를 위해준다. 당신이 먼저 원하는 것을 주면 그들은 당신이 원하는 것을 준다.

누군가가 나를 먼저 사랑해주길 기다리는 것은 음악가가 '사람들이 춤추기 시작할 때만 연주하겠다'라고 말하는 것과 다름없다. 풍요로운 사랑을 경험하고 싶다면 어떤 보답도 바라지 말고 먼저 베풀어야 한다. 조건을 따지고 베푸는 것은 진정한 사랑이 아니다. 바보가 마지막에 하는 일을 현명한 자는 처음에 한다. 둘 다 같은 일을 하지만 때가 다르다.

유쾌한 인간관계 포인트 65
사람은 가진 만큼이 아니라 베풀 수 있는 만큼 행복하다.

"자신은 가을서리처럼 차갑게 다루고, 다른 사람은 봄바람처럼 대하라(持己秋霜待人春風)"는 말이 있다. 자기 자신에게는 엄격해야 하며, 다른 사람에게는 관대하라는 말이다. 타인의 잘못이나 실수 앞에서 관대해져야 한다. 한 사람의 인격의 크기는 성공 앞에서 기쁨을 얼마나 함께 나눌 수 있는가가 아니라 상대의 잘못을 얼마나 너그러이 받아들일 수 있는가로 결정된다. 기왕 저지른 일에 대해서는 나무라지 마라. 그들은 이미 결과가 어떻게 되었는지 당신보다 더 잘 알고 있다. 원만한 인간관계를 맺으려면 가능한 한 너그럽게 행동해야 한다.

참다운 인격을 가진 사람은 타인의 행동을 철저하게 비판하여 사태를 악화시키기보다는 자신이 다소 상처를 입더라도 참고 견디는 편을 택한다. 그리고 자기보다 불우한 환경에 처해 있는 사람의 약점이나 과실을 눈감아준다. 관대한 사람들은 또 다른 관대한 사람들의 시선을 끌게 되어 있다. 그래서 그들로 부터 도움을 받을 수도 있다.

"평생토록 양보해도 백 보에 지나지 않고 평생토록 밭두렁을 양보해도 한 마지기를 잃지 않는다"는 말이 있다. 좁은 길에서 운전할 때에는 먼저 비켜주면 된다. 길 한 번 양보했다고 큰 일이 나는 것도 아니다. 양보해도 될 일은 양보하고, 져도 되는 일에 져줄 줄 알면 원수 사이가 되는 것을 피할 수 있다. 양보 하면 당장 큰일이 날 것 같고, 지면 안 될 것 같은데도 세월이 지나고 보면 아무것도 아니다. 사소한 일로 원수를 지지 마라.

우리는 때로는 심각한 일로, 또 때로는 사소한 일로 복수를 꿈 꾼다. 살다 보면 배신, 모함, 오해, 의심 등으로 인해 금전적으 로 손해를 보거나 마음의 상처를 받아 괴로울 때가 있다. 아무 리 생각해도 억울해서 잠이 안 오고 생각할수록 분해 마음속의 상처는 더욱 커진다. 이렇게 되면 그 최초 동기가 무엇이든 마 음의 평정을 잃어버린다.

마음속에 분노의 감정을 가지고 있다면 이미 평정심을 잃은 것 이다. 평정심을 잃은 마음이 과연 행복을 느낄 수 있을까? 삶의 고통을 삶의 일부로 받아들이고 심지어 그것을 즐길 수만 있다 면 이 세상은 바로 천국이 된다. "네 원수를 사랑하라"고 한 예수의 말에는 여러 가지 의미가 함축되어 있다. 사랑하면 용서가 되겠지만 사랑하기 전에 용서가 있어야 한다. 모든 것을 안다고 해서 모든 것을 용서할 수 있는 것은 아니지만 모든 것을 이해하면 모든 것을 용서할 수 있다. 그 사람을 안다는 것과 이해한다는 것은 다르다. 아는 것이 그 사람의 발의 크기를 아는 것이라면 이해한다는 것은 그 사람의 신발을 신어보고 축축하거나 작다는 것을 아는 것이다. 이해하기 위해서는 상대방의 입장에서 생각해야 한다. 상대방의 입장에서 생각하면 용서 못할 것이 없다.

스승과 제자인 두 수도승이 길을 걷다가 냇물을 건너게 되었다. 그런데 마침 아름다운 여인이 냇물을 건너지 못해 발을 동동 구르고 있었다. 스승은 그녀를 팔에 안고 냇가를 건너 맞은편에 내려주었다. 두 사람은 여행을 계속했지만 이 젊은 제자는 너무나 혼란스러웠다. 도저히 참지 못한 제자는 마침내 마음속의 의문을 말하고야 말았다.

"스승님, 어떻게 그럴 수가 있습니까? 우리의 가르침에서는 결코 여자와는 관계해서는 안 된다고 했는데 스승님께서는 어이하여 그 여자를 안아 냇물을 건네주었습니까?"

격분하며 혼란에 빠진 제자를 물끄러미 바라보며 스승은 평정을 잃지 않고 이렇게 말했다.

"나는 그 여인을 이미 내려놓았는데 너는 왜 아직도 마음속에 안고 있느냐?"

누군가를 용서하지 못하는 것은 그 상대를 내려놓지 못하고 계속 등에 짊어지고 있는 제자와 같다. 그 상대는 당신의 열정과 마음의 평화를 빼앗는다. 하지만 그를 용서하는 순간, 당신은 등에서 그를 내려놓고 더 이상 마음을 혼란스럽게 만들지 않음으로써 가벼운 마음으로 미래를 살아갈 수 있다.

용서에 대한 세계적인 권위자인 프레드 러스킨 박사는 용서에 대해 놀라울 정도의 통찰력을 보여준다. 그의 저서《용서》에 이런 말이 나온다.

"그 어느 누구에게도, 과거가 현재를 가두는 감옥이어서는 안 된다. 과거를 바꿀 수는 없으므로, 우리는 어떻게 해서든 과거의 아픈 기억을 해소할 길을 찾아보아야 한다. 용서는 과거를 받아들이면서도 미래를 향해 움직일 수 있도록, 감옥문의 열쇠를 우리 손에 쥐어준다. 용서하면 두려워할 일이 적어진다."

가마솥의 물이 끓어 넘치는 것을 멈추게 하려면 불붙은 장작을 들어내야 하며, 방이 쓰레기로 지저분해지면 빗자루로 쓸어내야 한다. 누군가에게 원한을 품고 있는 것은 그 상대를 자신의 마음에 넣어두고 있는 것이며, 이것은 당신 마음에 불붙은 장작과 쓰레기를 안고 있는 것과 마찬가지다. 결국 그것이 당신을 태울 뿐 아니라 당신의 열정과 마음의 평화까지 빼앗아간다. 하지만 그를 용서하는 순간, 당신은 그를 마음속에서 내려놓고, 당신 본래의 마음으로 돌아갈 수 있다. 용서란 자신의 방에서 더럽거나 위험한 물건을 치우는 행위와 같은 것이다. 진정한 용서는 자신의 방에 더 이상 치울 것이 없다는 사실을 깨닫고 이를 감정적으로 수용할 수 있을 때 비로소 가능해진다.

용서는 무거운 짐을 벗는 것이다.

한 도둑이 법당에 들어가 물건을 훔쳐 나오려는데 잠든 줄만 알았던 스님이 조용한 목소리로 말했다.

"문 닫고 가거라. 춥다."

그 악명 높은 도둑은 이보다 더 무서운 사람을 일찍이 만나본 적이 없다고 말했다.

가장 무서운 사람은 힘센 사람이 아니라 자기를 용서하고 관용을 베푸는 사람이다. 너무 맑은 물에는 고기가 모이지 않듯이 사람도 너무 까다로우면 주변에 사람이 모이지 않는다. 지도자는 관용의 미덕을 갖추어야 한다. 부하의 약점을 모조리 들춰내 꾸짖기만 하고 용서할 줄 모른다면 사람들이 따르지 않는다.

지금으로부터 약 2000년 전, 초나라에 장왕이라는 명군이 있었다. 초장왕(楚莊王)이 밤에 신하들과 연회를 베풀며 놀다가 촛불이 꺼졌는데, 어떤 신하가 그 틈을 타 장왕이 총애하는 미인을 끌어안고 희롱하였다. 미인은 그 신하의 갓끈을 끊은 다음 왕에게 촛불을 밝혀 그 사람을 색출해 벌할 것을 청했다. 그러나 장왕은 그 말을 듣지 않고 모든 신하들에게 갓끈을 끊게 한 후 불을 밝히라고 명해 그 사람이 누구인지 모르도록 하였다. 그 일이 있은 지 3년 후 초나라는 진(秦)나라와 전쟁을 치렀는데 진군에게 패한 왕이 위급한 상황에 빠졌을 때 목숨을 내던져 왕을 구한 장웅이라는 장수가 있었으니 그가 바로 3년 전 왕이 구해준 그 사람이었다. 그는 왕의 너그러움에 깊이 감복해 목숨을 걸고 그날의 은혜를 갚은 것이다. 갓끈을 끊은 연회라는 뜻의 '절영지회(絶纓之會)'라는 말도 여기서 유래되었다.

사람이 당당하게 행사할 수 있는 권리와 명분이 있다고 하더라도 그것을 사용하지 않는 게 더 현명할 때가 있다. 사람과 논쟁할 때도 치밀한 논리를 펼치며 상대를 코너에 몰아넣고서는 의기양양한 표정을 짓고 있는 사람을 가끔 보게 된다. 자신은 기분이 좋을지 모르지만 입장을 바꿔 생각해보라. 결코 좋은 결과를 기대할 수 없을 것이다.

현재 마음의 상태는 외부 요인이 무엇이든 간에 바로 내가 선택한 것이다. 리모컨으로 TV 채널을 마음대로 조종하는 것처럼 우리 마음도 선택할 수 있다. 누군가가 내 마음에 상처를 입혔다고 해서 내가 괴로워해야 할 필요는 없다. 과거에 입은 상처에 너무 마음을 빼앗기다 보면 살면서 현재 느끼는 아름다운 순간들을 받아들일 수가 없다. 미움이라는 부정적인 에너지가 내면을 차지하면 다른 새로운 에너지를 채울 기회를 놓치게 된다. 오늘 내가 미움과 증오로 허비하는 시간은 어제 세상을 떠난 사람이 그토록 살고 싶어 했던 시간이라는 걸 잊지 말아야 한다. 인생은 아름다움과 경이로움으로 가득 차 있으며, 살아 있다는 것 자체가 큰 축복이라는 사실을 기억하라.

조용필의 노래 〈Q〉 중에 이런 대목이 있다.

너를 용서 않으니 내가 괴로워 안 되겠다
나의 용서는 너를 잊는 것
너는 나의 인생을 쥐고 있다 놓아버렸다
그대를 이제는 내가 보낸다
사랑, 눈감으면 모르리
사랑, 돌아서면 잊으리
사랑, 내 오늘은 울지만 다시는 울지 않겠다

부처님도 "두 번째 화살은 맞지 마라"고 하셨다. 누구나 살아가면서 첫 번째 화살은 맞기 마련이다. 첫 번째 화살은 어쩔 수 없는 일이라 하더라도, 두 번째 화살은 피해야 한다. 첫 번째 화살은 누구나 살아가면서 겪는 질병과 사고, 그리고 인간관계의 갈등 등 불행한 사건을 말한다. 남에게 배신을 당하는 경우도 첫 번째 화살을 맞는 경우라고 할 수 있다. 두 번째 화살은 첫 번째 화살에 대한 마음가짐이라고 할 수 있다. 첫 번째 화살은 남이 나에게 쏜 것이지만 두 번째 화살은 스스로가 만들어 자신에게 쏘는 것으로 더 위험하다. 용서를 하는 것은 비록 첫 번째 화살은 맞았지만 더 이상의 화살을 맞지 않기 위함이다. 용서하지 못하는 마음처럼 비참하고 슬픈 마음은 없다. 용서는 상처를 덮고 가는 게 아니라 상처를 씻고 가는 것이다. 용서하는 것은 과거를 잊는 것이 아니라 현재를 생각하는 것이다. 비록 과거에 상처를 입었지만 과거 때문에 더 이상 아파하지 않겠다는 선택이며 결단이다.

가장 통쾌한 복수는 용서하는 것이다. 그리고 더 이상 마음에 두지 않는 것이다.

만약 당신의 마음을 아프게 하는 사람이 있다면 그 사람을 위해 기도하라. 이는 결과적으로 당신 자신을 위해 기도하는 것이다. 만약 남을 증오하는 마음을 가지고 있다면 그 마음은 당신 자신을 증오하는 것과 같다. 그러므로 당신 내부에 쌓인 적대감과 증오를 버리는 일은 실제로는 자신을 위한 행위이다.

용서란 상대방을 위한 배려인 것 같지만 사실은 나 자신을 위한 선택이다. 용서한다는 것은 상대방을 구렁텅이에서 건져주는 것이 아니라 내 가슴에 꽂힌 칼을 뽑아버리는 것이다.

나에게 잘못을 저지른 사람을 용서하는 일은 실제로는 이타적이기보다는 이기적인 행동이다. 용서하지 못함으로써 가장 피해를 보는 사람은 바로 나 자신이고, 용서함으로써 가장 이익을 보는 사람 또한 나 자신이다.

유쾌한 인간관계 포인트 67

내가 나에게 쏘는 두 번째 화살이 더 위험하다.

사람은 공부를 통해서 그릇의 크기를 바꿀 수 있다. 경험을 통해서 지혜를 얻는 것이 가장 큰 공부다. 공부가 필요한 이유는 자신을 알고 세상을 바르게 보기 위해서이다. 우리가 과거에 경험한 큰 문제들이 지금 작게 보이는 이유는 기억력의 감퇴가 아니라 그 문제들을 바라보는 시각이 달라졌기 때문이다. 만약 고통을 받고 있다면 그것과 정면으로 부딪쳐 해결할 수도 있고 그것을 바라보는 시각을 바꾸어 고통에서 벗어날 수도 있다.

배 하나는 동쪽으로 향하고
다른 배는 서쪽으로 향하네
불어오는 바람은 같은데
우리 갈 곳 알려주는 것은

바람이 아니라 돛이라네

- 엘라 윌러 윌콕스

불행한 사람이 바람을 탓하며 울고 있을 때 지혜로운 사람은 돛의 방향을 바꾸어 자신이 원하는 곳으로 간다. 우리가 어떤 사건이나 사람에 대해 괴로워하는 이유는 상황을 있는 그대로 받아들이지 못하기 때문이다. 자신에게 일어난 사건을 그대로 받아들이기 힘들 때 가장 고통스럽다. '왜 하필이면 나에게 이런 일이…' 라고 생각할 수도 있지만 '다른 사람에게 일어나는 일들은 나에게도 일어날 수도 있다'고 생각하며 나에게 일어나는 사실을 기꺼이 받아들여보라. 사실을 받아들이는 것은 모든 불행을 극복하는 첫걸음이다. 삶에는 좋은 일만 일어나지 않는다. 문제가 생길 수도 있다. 좋은 일이 있으면 안 좋은 일도 생길 수 있다는 것을 받아들이는 사람은 자유로울 수 있지만, 그렇지 못하면 괴롭다.

우리가 인간관계에서 겪을 수 있는 문제를 해결하는 좋은 방법은 자신이 겪고 있는 문제의 원인이 자기 자신에게 있다는 것을 아는 것이다. 만약 남의 탓으로 돌린다면 문제는 풀리지 않는다. 수영을 못하는 사람은 자신의 수영실력을 키워야지 수영장을 바꾸려고 해서는 안 된다. '나는 문제가 없는데 상대가 잘

못이다'라는 생각에서 벗어나지 못하면 삶의 주인공으로 살지 못한다. 나와 맞지 않는 수많은 사람을 바꿀 수는 없는 일이다. 바꿀 수 있는 것은 나 자신이다. 나의 마음은 고정된 것이 아니라 항상 변하며, 주어진 것이 아니라 나의 선택이다.

갈등이나 고통을 겪을 때마다 괴로워하지 말고 자신을 돌아보며 공부를 하라. 당나라 시인 왕양명은 '위기에 처했을 때가 가장 공부하기 좋은 때'라고 말했다. 고통을 겪을 때 공부를 할 수 있지, 사실 잘 나갈 때 공부하는 것은 더 어렵다.

과거에 당신에게 큰 상처를 주었거나 지금 괴롭히고 있는 사람이 있다면 '나에게 공부를 할 기회를 주니 고맙다'는 생각으로 공부하면 지금보다 훨씬 큰 사람이 될 것이다. 용서는 큰 사람이 하는 것이다. 작은 사람이라도 일단 용서를 하면 사람이 커진다. 그리고 용서해야 할 대상이 처음에는 그렇게 커보이던 것이 용서하고 나면 작게 보인다. 용서가 그 사람을 그만큼 크게 만들었기 때문이다.

불가에서는 '평상심이 도'라고 한다. 마음의 평정을 절대로 잃지 않는 것, 일체의 상황에서 흔들리지 않는 것이 도이다. 분노에서 자유로운 사람은 탁월한 자기조절능력을 가진 사람이다. 마음속에 있는 감정을 억누르는 사람은 암에 걸릴 확률이 높고, 잘 폭발시키는 성격을 가진 사람은 심장병에 잘 걸린다고 한다. 그러므로 감정을 적절하게 조절하는 것이 건강에 매우 중요하다. 분노하면 먼저 건강을 잃는다. 마음의 균형이 깨지면 몸의 균형도 깨진다. 암은 우리 몸의 균형이 깨지면서 생기는 것이다.

우리 모두는 실수하고 다른 사람에게 고통을 주기도 한다. 내가 단점이 많은 인간인 것처럼 다른 사람 역시 그런 인간이라는 사실을 받아들이고 용서하면 행복해진다.

유쾌한 인간관계 포인트 68
위기에 처했을 때가 가장 공부하기 좋은 때다.

슈바이처는 한 생명체를 리더로 만들 수 있는 자질에 대해 오랫동안 고심한 끝에 '무소의 가죽과 천사의 영혼'이라는 결론을 내렸다. 각기 다른 많은 사람들을 이끌어가기 위해서는 서로 상반된 이 두 가지를 다 갖추어야 한다는 말이다.

피부는 외부로부터 우리 몸을 보호해준다. 연약한 피부로는 외부의 자극에 쉽게 상처를 받는 데다, 날아오는 많은 화살에 대처하기 위해서는 무소의 가죽과 같은 두꺼운 피부가 필요하다. 상처받기 두려워 두꺼운 옷으로 무장만 하면 따뜻하게 내리쬐는 햇살과 살랑대는 봄기운을 만끽할 수 없다. 세상을 향해 다가가지 못하고 웅크리고만 있으면 오아시스 없는 사막과 같이 삭막한 삶이 된다. 삶의 여정에서 아름다운 순간을 즐기려면 천사의 영혼과 같은 아름답고 섬세한 심성이 있어야 한다.

흔히 인생을 여행에 많이 비유한다. 여행의 목적은 아름다운 것을 많이 보고 느끼면서 행복한 마음으로 돌아오는 것이다. 그러기 위해서는 여정에서 만나는 아름다운 장면들을 누릴 수 있는 여유와 여행지에서 발생할 수도 있는 위험한 상황에서 자신을 구할 수 있는 능력이 필요하다.

복싱의 승부는 링 위에서 결정되지만, 복서로서의 승부는 시합 전의 연습량과 체중조절의 성공 여부에 의해 이미 링 밖에서 결정된다. 인간관계의 성공 여부도 상대방에 따라 그 결과가 달라지기도 하지만, 상대방과 관계없이 공통적으로 적용되는 기본적인 룰의 습득과 평소 수련에서 결정되는 것이다.

성공적인 삶을 위해 인간관계는 새삼 강조할 필요가 없을 정도로 그 중요성이 커지고 있다. 인간관계는 타인과의 관계기술 이전에 나의 인생철학이며, 나와 타인에 대한 사랑이다. 그것은 살아 움직이는 것으로서 우리가 애정과 관심으로 끊임없이 가꾸어 나가야 할 정원과 같다.

독자 여러분 모두가 푸른 숲과 예쁜 꽃들이 피어나는 아름다운 정원을 가꾸고 그 속에서 자연이 주는 즐거움을 마음껏 누리길 진심으로 기원한다.